花とお金

Des fleurs et de l'argent

須王フローラ

サンマーク出版

目の前で何が起きようと
本当は自分にとって良いことしか起きていないのだとしたら
あなたは「今」その言動を選ぶでしょうか。
その表情で、その言葉を発し、その選択をするでしょうか。

人生は、常に良い方向に流れ続けます。
これはこの世のルールです。
ルールですから例外はありません。
どんな人も等しく、幸せになると決まっています。

しかし、長い人生を生きていると
それを信じられなくなるときがあります。
人生は苦しいことばかりだと
愚痴をこぼしたくなる日もあるでしょう。

私たちは、生きることの素晴らしさと苦しさの間で揺れながら
何度でも前を向いてゆっくりと進んでいきます。

私はあなたに言いたいことなど、本当は何もありません。
あなたも私も、もうこれ以上誰に何を言われる必要もないくらい
自分の人生を一生懸命に生きています。
あなたが幸せであることも、これからも幸せであることも
とっくにわかっているのです。

しかし、もしあなたが「今」
人生は、常に良い方向に流れ続けると
薄《う》っすらとでも信じられていないのなら話は別です。
もしあなたが、怖い顔をして
厳しい言葉で自分を傷つけているようなら

「今」私はあなたに言うべきことがあります。

「人生は、案外簡単ですよ」

私は「今」元気です。毎日まぁまぁ幸せです。
だから、「今」は私があなたに元気を差し上げたいと思います。
私はあなたに何かを教えられるほど偉くはありません。
でも、元気です。
だからあなたに楽しい話をします。
私も元気がないときは、誰かの話を聞いて励まされています。
人に頼ることが苦手なあなたも
「本」からなら、遠慮なく話を聞けるのではないでしょうか。
それに、ここに書いてあるのは
きっとあなたが聞きたかった話ばかりです。

楽しい時間になると思いますよ。

あなたの目の前で起きる出来事は
すべてあなたにとって癒しです。
親が死のうと、脳の病気になろうと、離婚しようと
どんな出来事もあなたを癒します。
すべて、良いのです。

あなたの人生には「今」しかありません。
1秒前ですら、目の前には存在しません。

あなたが美しいものを見て
優しい言葉を聞き続けている限り
あなたの「今」は常に美しく優しいのです。

過去に責任を負ってはいけません。
未来に責任を押し付けてはいけません。
私たちはいつも何度でも
「今」この瞬間から幸せになることができます。

これを読んで、「どうせ何も変わらない」と思うのも
「簡単に幸せになってもいいんだ」と思うのもあなたの自由です。
しかし、その選択を自分がしたということだけは忘れてはいけません。
あなたが何を信じるかは、あなたの自由です。
でもきっと、楽しいことを信じた方が人生は楽しいですよ。
どうせ変わらないのなら、試しに楽しい方を信じてみませんか。

花とお金

目次

第2章 世にも美しいビジネスの話

第3章　お金持ちは見えない世界を見ている

第4章

お金持ちとして生きるために大切なこと

装丁　　　轡田昭彦＋坪井朋子
イラスト　江種鹿乃子
編集協力　株式会社ぷれす
編集　　　金子尚美（サンマーク出版）

序章

お金持ちをはじめませんか

実践的な人生哲学をあなたへ

これからあなたに伝えたいのは、新しい生き方ではありません。

ずっと昔からある、「普通」の生き方です。

本来、人は普通に生きていれば幸せなのだと、あなたももうとっくに気づいているのです。

だから、「今」この本を手にし、私の話を聞いています。

では、普通の生き方とはなんでしょう。

どのように生きれば、人は安心して幸せに生きていくことができるのでしょう。
幸せは「気分」です。何を持っているから幸せ、ではありません。
王様であっても、普通の人であっても、幸せは本人の気分次第です。
朝起きてトイレに行く。
朝食を食べる。
仕事をする。
夜になれば自宅に戻り、家族との時間を過ごす。
夏を暑いと思い、冬を寒いと思う。
恋に悩み、子どもの成長を喜び、美しい景色を見ては感動する。
王様も私たちも一日を通して何をするか、人生を通して何をするかは変わりません。
ならば、幸せを決めているのは何か。
それはやはり、私たちが感じている「気分」なのです。

こんな話をすると、「なんだ、精神論か」とがっかりする人がいるかもしれませんが、そうではありません。

本書であなたに伝えたいのは、実践的な人生哲学です。

いえ、もっと具体的に言いましょう。

私がこの本を通してお伝えしたいのは、「あなたもお金持ちをはじめませんか」ということです。


お金が人を幸せにすることはありません。

しかし、お金持ちが幸せであることは事実です。

なぜならば、人は幸せに生きていれば、自動的にお金持ちになっていくからです。お金があるから幸せなのではなく、幸せだからお金持ちなのです。

幸せというと、何か特別なときにだけ訪れるイベントだと思うかもしれませんがそうではありません。

人は本来、幸せで当たり前です。

普通に生きていれば、誰でも幸せでいられるのです。

何にもコントロールされない「お金持ちという生き方」

お金持ちとは、生き方です。

「今」手元にどれだけのお金があるかは重要ではありません。

お金は流動的なものですから、「今」どれだけのお金を持っているかに大きな価値を見出しているうちはお金持ちにはなれません。

歌が歌えたらミュージシャンになれるわけではありません。

文章が書ければ作家になれるわけでもありません。

それと同じく、お金があることと、お金持ちであることはまったく違うことなのです。

お金がない状態からお金持ちになった人の話は世の中にあふれています。

そうした話は、結局お金の量に価値を見出す話がほとんどです。

お金を得たからこんなものが買えるようになった、こんな贅沢《ぜいたく》ができるようになった。

もしその辿《たど》り着いた場所を幸福と呼ぶならば、それ以外の人は不幸であるということになってしまいます。

本当にそうなのでしょうか。

たしかに、お金がなければ生きていくことはできません。

お金があれば、消えずに済んだ命も知っています。

しかし、お金があれば幸せだという考え方は、お金がなければ幸せになれないと言っているのと同じです。

そうした不安から、「お金をコントロールしようとして、お金にコントロールされる」、そんな人生を生きることが本当に人の幸せなのでしょうか。

美しい朝を喜び、美味《おい》しいコーヒーを味わう。

仕事をし、家族との時間を楽しむ。

友人と語らい、恋人と愛を育む。

好きなものを好きと言い、嫌いなものから距離を置く。

目の前にいる人の優しい眼差《まなざ》しを感じて、あなたも微笑《ほほえ》み返す。

そんな何にもコントロールされない幸せな生き方は、お金があるからできるのではなく、お金持ちという生き方をしていれば誰にでもできるものです。

お金持ちは、お金を持っているだけの人ではありません。

だから私は本書を通してあなたに伝えたいと思います。

あなたもお金持ちをはじめませんか。

あなたが幸せになる道は、ここにあります。

ビジネスの方法はひとつしかない

ここで少し私の自己紹介をさせてください。

旧《ふる》い家に生まれた私は、幼少の頃から資産家が周りに多くいる環境で育ってきました。学友には、世界的に有名な企業の子息子女も多く、彼ら彼女らと過ごした時間は私の財産です。

私は起業をして今年で7年目になり、現在法人を3社経営しています。

パリと日本で花仕事を学んだ私は、初めは自宅で花教室をしていました。

毎月全国から生徒さんが来てくれました。

しばらくして、エネルギー哲学という学問を作りました。

エネルギー哲学は、東洋思想を前提とした人生哲学です。

良いタイミングで良い人に出会い、良い学びとチャンスを得ました。

そのおかげで、今では国内外に24名の認定講師がいます。

また、エネルギー哲学をベースにしたビジネススクールも主宰しています。

スクールで学ぶのは、起業前の専業主婦や会社員、個人事業主、各種法人の経営者など、さまざまです。

年商も0から10億円規模までいろいろな状況の人がいます。

開業初年度から年商2000万円を達成した個人事業主、1年で年収400万円から2000万円になった会社経営者、2年で売上が1億円を超えた医療法人など、例を挙げたらキリがないほど、皆さん次々にビジネスを成功させています。

卒業生が口を揃《そろ》えて言うのが、「これを知らずしてどうやってビジネスをするつもりだったのだろう」ということです。

業種は違えど、ビジネスの方法はひとつしかありません。

そこに、規模も経験も関係ないのです。

もちろん私がスクールで教えているのは、お金の稼ぎ方ではなく、お金持ちのはじめ方です。

卒業した全員がお金持ちへの道を歩きはじめています。

なぜなら、正しいビジネスの方法は、お金持ちとして生きる方法と同じだからです。

本書では、お金だけでなくビジネスについてもお話しします。ビジネスをしていない人、する予定のない人にもビジネスを知ってほしいのです。

働かなくても、人は必ず消費活動をします。

生まれたばかりの赤ちゃんも、定年後の高齢者も、生きている限り経済活動から除外されることはありません。

赤ちゃんがいるからオムツやミルクが販売されます。

オムツを作る生産者がいて、ミルクを買う親がいます。

どんな人も食事をし、排泄《はいせつ》をします。

人が生きるということは、そのすべてが経済活動になるのです。

つまり、人がお金と無関係になることはないということです。

また、専業主婦や無職のあなたにも、ぜひビジネスを知ってほしいと思います。

もし、お金を稼いでいないことに罪悪感を覚えているのならなおのことです。


私は大学を卒業して就職し、26歳で結婚をしました。

それからのおよそ5年間、私は専業主婦でした。

当時、私は自分のことを鳥籠の中の鳥だと思っていました。

養ってもらう有り難さもわからず、養われる苦しさにばかり目が向いていました。

稼いでいない自分は夫の役に立てていない気がして、稼いでいない自分は自立した大人ではない気がして、事あるたびに自分を責めていました。

人生を楽しいと思えませんでした。

感謝が足らない人間だと自分を責めました。

なぜ苦労のない人生を喜べないのかと、何度も自分に問いかけました。

贅沢な悩みであることはわかっていました。

それでも、どうやってこの暮らしに納得したら良いのかわからなかったのです。

でも、今ならわかります。それだけ「お金を稼ぐ」ということにこだわる私は、ビジネスをするべき人だったのです。

そして、お金を通して、自分を、人生を知っていく人だったのです。


人生にはさまざまな側面があります。

すべての人がお金を稼ぐ必要はないのかもしれません。

ビジネス以外にも楽しいこと、心が満たされることは当然あります。

専業主婦がしたくてしてている人もいます。

そうして幸せに生きている人もたくさん知っています。

それなのに、私はずっと自分でお金を稼ぐことにこだわっていました。

もしあなたもそうであるなら、あなたもまた、ビジネスを通して自分を知っていく人だと思うのです。

いいえ、きっとそうなのです。

だから、「今」こうして本書と出会うタイミングがやってきました。

この本を読み終えたとき、ビジネスをしてお金を稼いでいる自分があなたにも見えるかもしれません。

なぜあなたが苦しかったのか、その理由がわかるかもしれません。

もしそうであったなら、私はとてもうれしく思います。

「今」お金がないことは重要ではないのです

こんなニュースを聞いたことがあると思います。

大きな会社を経営していた人が、たった一度の失敗ですべてを失ってしまった。

しかし、しばらくして新しい会社を興して大成功した。

会社や資産を失ったとき、世間はその人に対して、まるで人生に失敗したかのような眼差しを向けます。

かわいそうな人だと思う人もいれば、馬鹿にする人もいるでしょう。

でも、そうではないのです。

お金持ちは生き方です。

所詮人間のすることですから、失敗はあります。

ずっと右肩上がりなんてことはありえませんし、そうある必要もありません。

ですから、「今」お金がないことは重要ではないのです。

私たちが幸福な人生について知っていなければならないのは、失敗しない方法ではなく、お金を稼ぐ方法でもなく、お金持ちとして生きる方法です。

お金持ちとして生きている人は、きっと皆同じことを言うでしょう。

「失敗するのは怖くない。また成功できると知っているから」


では、お金持ちとはどんな人をいうのでしょう。

お金持ちとそうでない人の違いはどこにあるのでしょう。

お金持ちの「普通」とはなんなのでしょう。

さぁ、あなたにはここから知ってもらいたいことがたくさんあります。

世界は、あなたの目に見えているよりももっと広くて大きいのです。

目に見える世界だけを見ていては、幸せな気分を味わって生きていくことはできません。大丈夫です。もうその固く握りしめた手をほどきましょう。


人生は楽しむためにあります。

本を読む時間は娯楽です。
眉間に皺《しわ》を寄せてはいけませんよ。
美味しいお茶の準備はできていますか。
まずはお金について知っていきましょう。

第1章

お金がやってくるとき「何」が起こっているのか

「花」と「お金」の誰も知らない話

「わかろうとしないこと」が
新しい世界へ導く

改めまして、こんにちは。
前回の〝花の本〟『花を飾ると、神舞い降りる』からおよそ2年が経《た》ちました。
お元気でしたか。
はじめましての方もこんにちは。
エネルギー哲学者の須王フローラと申します。
今回もまたあなたに「花の本」をお届けします。

「お金の本じゃないの？」と思いましたか。


そうですね、「花」と「お金」どちらの話をしてもかまいません。

なぜなら、どちらの話をしても同じだからです。

花もお金も、種からはじまり、最後にはまた種に戻っていきます。

永遠に咲き続ける花がないように、あなたが永遠にお金を生み出し続けることもありません。

いえ、そもそもそんな必要がないのです。

花もお金も、その役割は限定的です。

花はただ花としてそこに咲き、お金もまたただそこに一瞬お金として目に見えるだけです。

具体的な話をする前にひとつ私と約束してください。


「わかろうとしないでください」

あなたは、「花とお金」をわかりたくてこの本を手にしたと思います。

しかし、わからないことがあってもわかろうとしないでほしいのです。

なぜなら、人はわからないことをわかろうとするとき、これまでに学んだ知識や世間の常識に紐《ひも》づけて、わからないものをわかったことにしようとします。

それではあなたは古い世界に閉じこもったままです。

新しい世界を知ることができません。

それだけならまだかまいません。

わからないことをわかろうとするとき、人は自らを孤独に追いやってしまうことがあるのです。


人間関係で考えてみるとよくわかります。

私たちが人間関係の悩みというとき、そのほとんどは家族や恋人といった近しい関係のことを指します。

もしくは、会社の同僚や学校のクラスメイトといった、長く時間を共にする相手でしょう。

ちょっと挨拶《あいさつ》する程度のご近所さん。そうした人との仲に悩む人はあまりいないはずです。

なぜ近しい関係に悩みが多いのかというと、「わからないことをわかろうとする」からです。

私たち人間は、皆それぞれに違う生き物です。

何を好み、何を良しとし、何を正義と思うのか。

すべて人によって違います。

大きい小さい、多い少ない、遠い近い。

青と聞いて、思い浮かべる青も違います。

私たちは使う言葉一つひとつの定義も違うのです。

「知っている」という言葉も、一冊の本を読んだことを意味する人もいれば、大学で勉強したことを意味する人もいます。

机で勉強して知った人もいれば、実際に体験して知った人もいるでしょう。

性格も違う、育った環境も違う、使う言葉の定義も何もかも違う私たち。

知れば知るほど、付き合いが長くなればなるほど、お互いの違いが見えてきます。その違いのすべてをわかることなど到底できません。

ですから、わからないものを「悪い」「合わない」としてしまっては、世界は敵だらけになります。

もしあなたが今、孤独感に悩まされているのなら、それはきっと世界に敵を作っているからです。

「わかる」が「良い」「合う」ということではありません。

わからなくてもいいのです。

わからないことをどれだけそのままにしておけるか。

それが、あなたを新しい世界に連れていってくれます。

「わからないものをわかろうとしない」

まず、これを私と約束してください。

お金持ちは運の良い人。そしてタイミングの良い人

必要なことは、最高のタイミングでわかります。
何か素敵な出来事に出会ったとき、あなたはきっと思ったはずです。
これは3年前の私では理解できなかった。
出会うのが早かったら通り過ぎていた。
これは「今」の私だからわかること。
そう思ったはずです。

「運の良い人」という言葉がありますが、運の良い人はタイミングの良い人です。
出来事自体に良い悪いがあるのではなく、タイミング次第で良い出来事となるのです。
お金持ちも運の良い人です。

お金持ちは、良い情報に出会い、良い人に出会い、良い場所に出会います。

忘れ物を取りに帰ったおかげで、電車の事故に巻き込まれなかった人がいます。

たまたま乗り合わせた飛行機が同じで、結婚したカップルがいます。

ふと手にした一冊の本に、人生を救われる人がいます。

あなたは、「今」わかることだけをわかればいいのです。

わかるということは、「今」がそのタイミングだということだからです。

わからないことをわかろうとすることが、あなたを良いタイミングから遠ざけます。わからないことをわかろうとしてはいけません。


そして、想像してみてください。

わかることだけで良いのです。

わかることだけをする人生。

わかることだけを語る人生。

どんなに安心して生きていけるでしょうか。

幸せな人は、わかることだけをしています。

わかる言葉だけで話します。

人生は、わからないことをわかろうとするためにあるのではありません。

わかることを楽しむためにあります。

わかることを楽しんでいると、あなたに必要なタイミングでまた新しいことがわかるのです。あなたの身に起きる出来事は、すべてあなたに必要なタイミングで起きています。


あなたはこれから「花」と「お金」について知る必要があるので、「今」この本を手にしました。

なぜ知る必要があるのかというと、あなたは今日からお金持ちをはじめるからです。

この本を手にしたということは、そう決まっているのです。

「今」のあなたにできることが、あなたのすべきこと

序章でお話ししましたが、私は幼少の頃から資産家が周りに多くいる環境で育ってきました。

子どもの頃からたくさんのお金持ちを見てきた私は、その共通点も、そうでない人との相違点もよくわかります。

それはつまり、どんな言葉を使い、何を選択して生きているかということです。

もしあなたが幸せなお金持ちとして生きていきたいと思うのなら、お金持ちの真似《まね》をすることが最短の道です。

しかし、「お金持ちがどんな暮らしをしているのかを見て、それを真似する」のでは意味がありません。

なぜなら、お金があるという「結果」だけを真似しても現実は変わらないから

です。そうではなく、お金持ちとはどのような生き方なのかを「知る」ことが大切です。

そう、知るだけでいいのです。

そして、実際にしていくことは、あなたの「今」目の前にあることです。

お金がないのに飛行機のファーストクラスに乗ってはいけないということです。

そんなことをしたらお金がなくなってしまいます。

そうではなく、「今」のあなたにできる、でも、していないことをします。

たとえば、平飼いの卵を買うことはおすすめです。

送料を含めると、1個あたり100円する場合もありますが、食べてみるとその違いがよくわかります。

広い土地で自由に動き回り、物陰でそっと産み落とされた卵の黄身は、オレンジがかった黄色ではなくレモンイエロー色をしています。

ストレスなく育った鶏の卵は、ストレスのない味です。

淡白で、食べても体に負担が少ないことがわかります。

1個100円は、スーパーの卵に比べると高価ですが、難しい金額ではないはずです。

あなたがこれからしていくことは、「今」のあなたにできることだけです。

「今」のあなたにできないことは、真似をしてはいけません。

あなたにできることが、あなたのすべきことなのです。


スタイル抜群のモデルを見て、あこがれを持ったとします。

モデルに近づきたいと思い、彼ら彼女らの真似をします。

しかし、愛用している食品やトレーニング方法を真似しても一向にモデルには近づきません。

それもそのはずです。決まった食品を食べているから、トレーニングをしているからモデルではないからです。

彼ら彼女らは、生き方そのものがモデルなのです。

思いついたときにだけ、ヘルシーなものを食べて運動をしているわけではありません。

「今」のあなたがすべきことは、モデルのような食事でも運動でもありません。

「今」のあなたにはもっと別のやるべきことがあります。

それは体の機序について学ぶことかもしれませんし、浮腫《むく》みを取るためのマッサージかもしれません。

しかし、時間が経ち、あなたがモデルのようなスタイルに近づいたとき、きっと多くのモデルたちと同じことを言うでしょう。

「特別なことは何もしていません」

特別なことをしているうちは、そのようにはなれないのです。

ビジネスをしたことがない人は、はじめる前から大きな目標を立てようとします。

年商10億円になりたい。年収1億円になりたい。

そこからスタートしようとするから、何もはじまりません。

まだビジネスをしたことがない人が、つまり、まだ商品がなく、経営も知らず、会計も知らない人が、いきなり10億円企業を動かす方法を考えるのです。

できるわけがありません。

「今」あなたがすべきことはそこではないのです。

お金持ちの真似をしても お金持ちになれない理由

お金についてもまったく同じです。

お金持ちになったことがない人が、お金持ちでいる自分をイメージしようとしてもできません。

できないのにしようとするので、みんな同じような格好をし、同じようなものを持ち、同じような発言をします。

お金持ちではない人たちが想像した、お金持ちのイメージを演じているのです。

お金持ちは高級品だけを好むわけではありません。

エコノミークラスに乗る人もいます。

お金があるからといって、無駄と感じることにはお金を使いません。

贅沢《ぜいたく》をし続けることもありません。

欲しいものすべてを手に入れようなどと思ってもいません。

でも、お金持ちになったことがない人にはそれがわかりません。

「好き」という感情はあなたの経験から生まれます。

経験して初めて、人は自分が何を好きか、心地よいかを知ります。

紙に書き並べても、スマホの中を覗《のぞ》いても、そこにあなたの好きはありません。

人は経験していないものを好きだと思えないのです。

それなのになぜか多くの人は、お金がたくさんある状態を好きだと思っています。そんな自分に疑いを持ちません。

お金持ちのイメージを追いかけていては、「お金」の正体をつかむことはできません。

もっと具体的に、実際的に考えていかなければ「お金」のことはわかるようにならないのです。

これからお金持ちをはじめるあなたがしていくことは、「今」のあなたにわかることだけです。

お金持ちへの道のりを険しいものだと想像し、「わかることだけ」をしていては辿《たど》り着けないのではないかと思うかもしれませんが、そんなことはありません。

わからないものをわかろうとしてはいけません。

どんなに大きく見える問題も、すべきことはいつも小さなことです。

冷え切った人間関係を良くする方法は、まず相手に笑顔を向けることです。

不登校の子どもに向き合うには、そっと隣に座ることです。

学校にどんな問題があるかを聞き出すことではないはずです。

「今」あなたがすべきことは、必ず目の前にあります。

「今」目の前に何が見えますか。

「今」あなたは何を持っていますか。

それがあなたのすべてです。

それ以外はあなたのものではありません。

その家庭が、その恋人が、そのビジネスが、そのお金が、その肉体が、その知識が、その知恵が、その経験が、それが「今」のあなたのすべてです。

だからこそ、あなたがこれからしていくことは、あなたにとって難しいことではないのです。

お金持ちという生き方は、「今」あなたが手にしているそれらからはじまっていきます。

お金はあなた自身

あなたのお金に対するイメージとは

では、本題に入りましょう。
お金とはなんでしょう。
あなたはお金に対してどのようなイメージを持っていますか。
頑張って手に入れるもの、簡単に手に入るもの。
有り難いもの、感謝すべきもの、幸せの象徴。
恐ろしいもの、人生をコントロールするもの。

人によってさまざまな答えがあると思います。

じつは、お金は「あなた自身」です。

これはビジネスを題材に考えるとわかりやすいので、たとえ話でお話ししましょう。私が化粧品を開発・販売する会社を経営しているとします。

まず、私が商品を作ります。

化粧水、美容液、クリーム、それぞれに特別な効能があります。

化粧水に使用する水はハワイの海洋深層水です。

海水のミネラルが溶け込んでいるので、スキンケアを通して無理なく体に必要な栄養素を取り込むことができます。

美容液の有効成分は、植物から抽出したものです。その植物は地球上でアフリカの特定の地域にしか存在しません。

しかし、私はどうしてもその成分を使いたいので、毎年アフリカまで自ら調達に行きます。

クリームは、なんと食べることができます。

万が一赤ちゃんがクリームを舐《な》めてしまっても、体に影響がない成分だけで作りたいのです。

このように、私が化粧品を作るなら自分のこだわりが詰まった商品を開発するはずです。

しかし、世の中のほとんどの人はこの化粧品に関心を示しません。

海洋深層水でなくても、アフリカ産の特別な成分でなくても、食べることができなくても、ほとんどの人はかまわないのです。

もっと安価な商品を求めている人、ケミカルな成分の即効性が欲しい人、そもそも化粧品に興味がない人、世の中にはさまざまな人がいます。

では、私はどのようにしてこの化粧品を販売するのでしょう。

企業は自社製品を売るためにあらゆる努力をしています。

しかし、どこにお客さんがいるのか、いつ買ってくれるのか、売り手に正確な予測はできません。

だからこそ、企業は必死になってマーケティング戦略を練ります。

自分ではない誰かの生活を想像し、自分ではない誰かのニーズを考え、自分ではない誰かの経済状況を想定し、データとして見える化をします。

しかし、私はそれらを考えません。

もっとシンプルな方法があるからです。

商品開発から利益が確定するまでの段階を順に追っていきましょう。

一連の経済活動には「私」しかいない

まず、「私」が商品を作ります。

商品には「私」の「好き」やこだわり、経験から得た知識を詰め込みます。

つまり、商品自体が「私」です。

そして、商品を世間に向けて広告します。

素晴らしい「私（商品）」があることを知らせるのです。

そうすると、「私（商品）」を良いと思ってくれる人が現れます。

ある人は、「私」の海洋深層水に対するこだわりに共感してくれました。

別の人は、「私」のように植物由来の成分に興味がある人でした。

また別の人は、「私」と同じく、子育て中のお母さんのための商品を開発している人でした。

同じこだわりがある人、同じ興味がある人、同じ志を持つ人。

みんな「私」と同じです。

その「私（お客さん）」たちが「私（商品）」を買ってくれます。


「私（お客さん）」のお金を「私」に払ってくれるのです。

売買は等価交換です。

「私（商品）」の対価ですから、お金も「私」です。

「私（商品）」と「私（お金）」の価値が等価であると「私（お客さん）」が判断して「私」に支払います。

これがビジネスです。

気づいたでしょうか。

この一連の経済活動の中に登場するのは、すべて「私」なのです。

「私」が「私」を作り、「私」が「私」を欲しいと思い、「私」が「私」に「私」を支払う。

お金は「私」です。お金の話に他者は介在しません。

このことに多くの人は気づきません。

自分とお金を区別します。

お金に気に入られようとします。

お金をコントロールできると疑いません。

だからいつまで経っても苦しいのです。

では、お金が何かという答えが出たところで、もう一度同じ質問をしましょう。

あなたはお金に対してどのようなイメージを持っていますか。

それが、あなたが自分に対して抱いているセルフイメージです。

私はお金に対して強い感情を抱いていません。

お金はとても大切です。大好きです。自分自身のことなので当然です。

しかし、自分のことなので「普通」です。

普通に大切で、普通に好き。まったく特別なものではありません。


これは事業をするようになって、はっきりとわかったことです。

それまでの私は、子ども時代は親に養われ、結婚生活をしていたときは夫に養われていました。

自分でお金を稼いでいないので、お金の実態がはっきりとつかめていませんでした。お金は自分自身なので、それは私自身が何者かわからないということと同じでした。

でも今はわかります。お金ははっきりと私です。

お金は、私の状態にピッタリ合致した額がいつも目の前にあります。

それ以上の額は手に入りませんし、手に入れようとも思いません。

自分が変われば、お金も同様に変化します。
あなたがどんな状態であるかが、そのままお金に反映されるのです。

代々資産を継承するお金持ちが自由ではない理由

あなたはお金のことをどれだけ考えているでしょうか。
お金のことを考えるのが苦痛という人もいるでしょう。
もしあなたがそうならば、それは本来おかしなことなのです。
自分のことを真剣に考えずに生きている人など、この世にはいないからです。
真剣に考えるとは、「どうしよう」と頭の中で繰り返すことではありません。
それはただのパニックです。
考えるとは、整理するということです。
現状を把握して、わかることとわからないことを区別します。
事実を正しく見るということです。

そこに感情は入りません。


お金がないとき、お金のことを考えるのは怖いことだと思います。

私も離婚を決めるとき、恐ろしくてたまりませんでした。

わからないことだらけだったからです。

パニックになっていた私は、お金がたくさんあったらお金のことなんて考えなくて済むのにと本気で思っていました。

お金に自分と子どもの未来を保証してほしかったのです。


お金がたくさんあったらもうお金のことは考えなくていいと思っている人がいるかもしれませんが、実際は違います。

お金持ちほど、ずっとお金のことを考えています。

損をしないように、お金を見張っているのではありません。

いつも自分自身を注意深く「観察」しているということです。

それもそのはずです。お金は自分自身なのですから、その量が増えることは自分が大きくなることと同じだからです。

自分という「領分」が広がれば、それだけそこにかける時間もお金も手間も増えていきます。

ですから、お金持ちはじつは自由ではありません。

正確に言えば、代々資産を継承するようなお金持ちに自由はありません。

継承するということは、多くの人が築いてきた「領分」も受け取るということです。

それは、本人の意思とは関係なく、自分以外の人生も引き受けるということであり、そこにあるのは責任と誇りです。

いろいろな悩み、しがらみから解放されたくて、人はお金持ちの家庭に生まれたかったと言います。

しかし、じつはお金持ちに生まれることは自由と真逆のことなのです。

仏教の開祖・釈迦は「お金持ちをはじめた人」

仏教の開祖である釈迦《しやか》はお金持ちでした。

カースト制度でいうバラモンの次、クシャトリヤの階級、その中でも上の方の階級に属していたといわれています。

釈迦はお金持ちに生まれましたが、家を捨て、老い、病、死など、人々を苦しめるものからの解放を探求する旅に出ました。

その結果、仏教の開祖となり、亡くなったあとも多くの人々の拠《よ》り所《どころ》となりました。

その姿は、「お金持ちをはじめた人」そのものです。

お金持ちをはじめるのは、貧しい人だけの話ではありません。

どんな家に生まれたかは関係なく、自分の「領分」に気づいた人がお金持ちをはじめるのです。

釈迦の「領分」は、生まれた家で満足できるものではありませんでした。

しかし、そのことに気づけるのは本人だけです。

周囲から見れば、お金があればそれだけでお金持ちに見えるからです。

あなたの「領分」はあなたにしかわかりません。

もしあなたが、生まれた環境に違和感を覚えているのなら、それは「領分」の違う家に生まれたというサインかもしれません。


お金がわかるようになると、人には自然と感謝が生まれます。

感謝とは、他人に対する感謝です。

感謝は自分にするものではなく、ましてやお金に対してするものでもなく、他人に対してするものです。

人に感謝しながら生きていくことほど幸せな生き方はありません。

お金持ちはいつも人に感謝をしています。

なぜなら、ひとりでお金持ちであることは不可能だからです。

感謝をしようと思わなくても、朝起きてから夜寝るまで、何を見ても常に自然と感謝が湧き出てきます。

どれだけ恩を返そうとしてもさらに多くを与えられるので、いつまで経っても感謝は減りません。お金も感謝も増えていく一方です。

お金持ちという生き方は、多くの人に感謝をする幸せな生き方なのです。


こう考えたらわかるはずです。

お金はその人自身です。夫が稼いできたお金は、夫自身です。

そんなお金を無駄にしたくないと思いませんか。

豆腐の10円にこだわるのは貧しい人のすることだと思いますか。

違います。

10円は、あなたの愛する夫であり、妻であり、親であり、あなたです。

お金そのものに感謝をするのではありません。

感謝は人に対して湧き出るものです。

それがわからなくては、幸せなお金持ちになることはできないのです。

「あなたに必要のないこと」をしていると問題が起こる

自分の領分を知ることが器を大きくする

人生に問題があると感じているとき、その原因はいつも自分の「領分」を出ていることにあります。

「領分」を出るとは、わからないことをするということです。

人は、わからないものに不安を感じます。

何を求めているかわからないのに先に進み続けることや、もう必要がないのにいつまでも持ち続けていることがあなたを混乱させるのです。

わかろうとしてはいけません。
わかる言葉だけを使わないといけません。
人は言葉でコミュニケーションを取る生き物です。
言葉で思考する生き物です。
わからない言葉を使っていては、いつまで経ってもあなたの人生は混乱したままです。

何を欲しいと思ってもかまいません。
でも、欲しいそれは「今」目の前にありません。
ないものはないのです。
「今」あなたの目の前にあるものはなんでしょう。
家族、恋人、友人、仕事、お金、健康。
住んでいる家、着ている服、使う言葉、食べているもの。
それがあなたの全部です。それ以外に何もありません。
それ以外から物事をスタートしようとするから人は混乱するのです。

あなたは「今」どんな状態にありますか。
体は健康で元気いっぱい、アレルギーもなく毎日スムーズに呼吸ができていますか。
痛いところはありませんか。
体重は安定していますか。
無理なダイエットはしていませんか。
人間関係に悩んでいませんか。
家族と会話をしていますか。
家族と自分に優しい眼差《まなざ》しを向けることができていますか。
何が好きですか。
それは本当に欲しいものですか。
惰性でコーヒーを飲んでいませんか。
そのバッグはあなたの趣味ですか。
それは本当に似合っていますか。

人からの称賛が欲しいですか。

それとも、ひとりで無為に過ごす時間が欲しいですか。


あなたが何者であるかは、あなたにしかわかりません。

あなたに他人のことがわからないように、誰に聞いてもあなたのことはわからないのです。

あなたが自分のことを自分がわかる言葉で語れるようにならない限り、あなたは自分の「領分」を知ることはできません。

あなたの「領分」はあなた自身です。

あなたを知ることによって、あなたとそれ以外の境界線を知ります。

ここまでが自分で、ここからは自分以外であると知ることから、あなたの「領分」は広がっていくのです。

無駄なものが無駄な思考を生む

どんな人も自分の器以上のことをせず、「領分」から出ないことが大切です。

しかし、混乱している人ほど、こんな小さな器では足らないと言います。

違います。

あなたが思っているより、あなたの器は大きいのです。

あなたが思っているより、あなたの「領分」を美しく整えておくことには手間がかかるのです。

散らかった広い家に暮らしたいですか。

丁寧に整えられた、ちょうどいい大きさの家に暮らす方が快適だと思いませんか。

そんなにたくさんの洋服や靴を持っていてどうするのでしょう。

あなたの体はひとつしかありません。

部屋の中のどこに何があるか、すべて把握していますか。

知らないものは、ないものと同じです。

ないもののためにお金を使い、家というスペースを買う。

おかしいと思いませんか。

それをおかしいと思わないのなら、あなたは混乱しているということです。


お金持ちの家にはものが少なく、そうでない家にはものがあふれかえっているという話を聞いたことがあると思います。実際その通りです。

お金持ちは、ものが思考を生むと知っています。

ずっと置きっぱなしのAmazonの段ボール。目につくたびに、「いい加減に片付けなければ」と思います。

一度も着ないままシーズンを終えた服、重たくて使いこなせなかったお鍋、張り切って買い溜めしたダイエット食品。

どれも無駄な思考を生みます。

手に入れるとは、管理までをも含むのです。

無駄な思考は、あなたをタイミングから遠ざけます。

わかろうとすることと同じです。

あなたが一日に使える気力や体力には限りがあります。

正しく思考する力、タイミングを見計らう力、有益な情報をキャッチする力、それぞれ別のリソースを使っているわけではありません。

体力が底を尽きているような状態で、仕事を頑張ることはできません。

脳が疲れて目も開けられないようなときに、人生をポジティブに考えることは難しいでしょう。

いらない人間関係をいつまでも大切に握りしめているから、新しい出会いがないのです。


あなたの毎日にはさまざまなタスクがあります。

家事もします。子育てもします。

駅まで歩き、電車に乗り、会社に行って仕事をします。

Amazonの段ボールに思考する力を奪われている人とそうでない人、どちらがより重要な判断を正しく下せるでしょうか。

どちらがより活動的でいられるでしょうか。

ただでさえ人ひとりにできることは限られています。どれだけの余力があるかで、自分の道が決まるとお金持ちはわかっているのです。

何を目の前に置いておき、何を捨てるのか、お金持ちは常にそれを吟味しています。

まだ見ぬ素晴らしい世界に到達するには、まだ見ぬ良さそうな何かを探しに行かないことです。

ものが少ないことこそが、選択肢が多いということなのです。

あなたを不安にさせない「良い言葉」がお金を運んでくる

人間関係も同じです。

お金持ちは、縁の終わった関係をいつまでもそのままにしておきません。

人は、誰と過ごすか、どのコミュニティに属するか、つまり「どんな言語を使うか」で人生が決まります。

「良い言葉」がお金を運んでくるとお金持ちは知っているのです。

代々資産を継承するようなお金持ちの家を見ると、お金が生まれ続ける理由がよくわかります。

継承されるのはお金だけでなく、付き合う人や、暮らす環境、食べるもの、遊び方、子どもの教育まで、お金持ちの「文化」そのものです。

継承とは、流れの中にあるということです。

流れを止めず、流れを作らず、ただその中にあることです。

その文化の中にいる自分が生み出すお金は、自分だけで生み出したお金ではありません。自分がその文化の一員であるからこそ生み出せるものです。

もしあなたがお金持ちをはじめたいと思うのなら、注意しなければならないことがあります。

文化は「良い言葉」で語られるので、刺激的ではありません。

だから、ほとんどの人は素通りしてしまうということです。

「良い言葉」を知りたいと思うのなら、優しい言葉だけを聞く練習をしてください。


優しい言葉とは、それを耳にしたときに不安にならない言葉です。

「今」のあなたが安心して受け取れる言葉だけが「良い言葉」です。


「今すぐこれをしなければ、あなたは大変なことになりますよ」といった謳《うた》い文句の商品は、冷静に考えればひどく馬鹿馬鹿しいものだとわかります。

しかし、実際にそうした言葉を耳にしてしまうと「大変なことになったらどうしよう！」と不安になるのが人間の心理です。

実際に「今」それをしていないあなたは、ちっとも大変なことになっていません。

その言葉がなければ、あなたの心はハラハラしませんでした。

あなたの心を波立たせる言葉は、あなたにとって不要なのです。

ハラハラだけでなく
ワクワクさせる言葉も不要

では、あなたをワクワクさせる言葉はどうかといえば、それもあなたにとって不要な言葉です。

なぜなら、刺激的な言葉を聞いて感じるワクワクと不安な言葉を聞いて感じるハラハラは、じつは同じものだからです。

体感にどう意味をつけるかは、あなたの思考や感情の癖であり、人生が混乱している人ほどハラハラをワクワクだと勘違いします。

もしあなたがワクワクすることをしているのに人生がうまくいっていないと感じるのなら、それは思考や感情にだまされているからです。

「良い言葉」には刺激がありません。

「朝、起きたら家中の空気を入れ換えましょう」

「なるべく自炊をしましょう」

「1日10分でもいいから散歩をして太陽の光を浴びましょう」

こうした言葉は、多くの人の心に残りません。

簡単すぎて刺激がないのです。素通りしてしまいます。

しかし、それくらい、一見つまらない言葉こそがあなたにとっての金言です。

刺激のないつまらないものほど、あなたの人生を良い方向に導いてくれます。

お金持ちはそのことをよくわかっています。


お金持ちにも、元を辿っていくと「お金持ちをはじめた人」がいました。

その人たちがどのようにしてお金持ちをはじめたのかが、本書には書いてあります。

目に見える側の話でいうと、あなたからあなたの子へ資産が継承され、さらに孫へと継承されていくということでしょう。

しかし、そうした物質的なことだけでなく、そこには常に目に見えない「文化」が存在することを知ってほしいのです。

お金持ちは、ごく「自然に」お金を手にします。

「自然に」というのは、遊び暮らしていても勝手にお金が降ってくるという意味ではありません。

目の前の暮らしを楽しんでいれば、それに見合ったお金が入ってくるという意味です。見合ったもの以上は入ってきませんし、望みません。

なぜならお金は、つまり自分自身は、それ単独で存在しえないとわかっているからです。


わからないことがあっても、それはそのままにしておいてください。

わかろうとしないこと。いつでもこれが肝心です。

わからない言葉を使わない。わからない言葉で思考しない。

わからないことをそのままにしておくことが、あなたを最短最速で目的地へ運んでいきます。

あなたの周りにいる人たちは、どんな言語を使いますか。

そのコミュニティで日常的に使う言葉があなたの人生です。

自分の領分を知るための「観察」

なぜ、お金持ちは自分の近くにいる人を厳選するのか

だからこそ、お金持ちは自分の近くにいる人を厳選します。
終わった縁をいつまでもつないでおくことはしません。
たとえそれが身内であったとしても同じです。
釈迦が生まれた家を出たように、領分の違う者同士が一緒にいることは難しいのです。
付き合う人を選ぶというと冷たい人だと思われるかもしれませんが、お金持ち

にとってそれは当たり前のことです。

偽りの付き合いほど、感謝から遠いものはないからです。


人は、誰しも他人から自分の存在を認めてもらいたいと思っています。

しかし、他人の存在を認めるとは、笑顔で接する、心地よい言葉をかける、一緒に過ごすといった表面的なことではありません。

認めるとは、ただそこに存在することを許可するということです。

人のどんな顔が見えるかはタイミング次第です。

あなたに意地悪をしてきたあの人も、出会い方が違えば親友になっていました。

あなたが嫌いなあの女性にも、彼女を大切に思う親がいます。

それくらい、人との関係性は流動的なものです。

だからこそ人との縁は大切にしなければいけないし、終わった縁は手放さなければいけません。

相手を自分の都合のいいように変えてはいけないということです。

悪者にしてもいけないし、理解しようとしてもいけないのです。

ただ、目の前の事実を認識し、自分も他人もたまたまここに居合わせただけの存在だと、その存在自体を許可するのです。

そこに好き嫌いといった感情は不要です。

そして、普段から人に感謝を持っていると、感謝のない関係性はすぐにわかるようになります。

自分の「領分」がわかっていると、付き合う相手も自然と決まるのです。

人との縁然《しか》り、この世に自分の都合で変えて良いものなどないと、お金持ちはわかっています。

3年後幸せなお金持ちになるために

今や情報は瞬時に世界中に広がるようになりました。

インターネットは空想と似ていて、体験していないことまで、さも体験したような気にさせられます。

体験はシェアすることができないので、人は見聞きした情報のほとんどを「知る」だけで終わらせてしまうのです。

人が何かをできるようになるとき、いつでも順番は「知る」「わかる」「できるようになる」です。

「わかっているのだけれどできない」という言い方をする人がいますが、あれはそもそも間違っています。「わかる」と「できる」は違うのです。


外国語の習得には時間がかかります。

発音や文法などを知ることから勉強ははじまりますが、知っただけでは話せるようになりません。

外国人と話しても最初はまったく何を言っているのか聞き取れません。

でも、何百時間、何千時間と繰り返し時間を過ごしていくと、昨日までわからなかった言語が、ある瞬間スイッチが切り替わったように聞こえるようになるのです。

これが「知る」が「わかる」になるということです。

「わかる」から「できるようになる」にもまた時間がかかります。


1歳の子どもは、まだ会話をすることができません。

2歳頃になると、やっと「わんわん　いた」「にゃーにゃー　いた」などの2語文が話せるようになります。

そして3歳になる頃には、急速に言語を習得し、会話が成り立つようになります。

「できるようになる」には相応の時間がかかるのです。


「領分」を知ることも同じです。

しかし、時間がかかることはがっかりすることではありません。

時間をかけるからこそ人はそれを好きになり、大切にするようになるからです。

もしあなたが自分のことを好きだと思えない、自分自身がよくわからないと感じているのなら、それはきっと自分自身に時間をかけていないからです。

自分に時間をかけず、他人や出来事に時間をかけていると、人生はそこで止まってしまいます。

人生に不完全燃焼感がある人は、もっと自分に時間をかけるべきです。

時間をかけることは時間のロスではありません。

むしろ、それをしないといつまで経っても「領分」がわからず、大きく時間を無駄にすることになるのです。

人生は3年で変わります。

ここから3年後、幸せなお金持ちになったあなたは、「今」のあなたに大きく感謝をすることになります。

そのときを楽しみに、「今」目の前にあることをしていきましょう。

観察とは目で見て、耳で聞いて、肌で感じること

では、自分の「領分」を知るためには具体的に何をしたらいいのでしょう。

それは、「観察」です。

「事物の現象を自然のまま客観的に見ること」

これを「観察」といいます。

具体的にいうと、目で見て、耳で聞いて、肌で感じることです。

頭で考えることや、心で感じることは観察ではありません。

観察と聞くと、「なぜこうなったのだろう」「どうしたらいいのだろう」と考えることだと思うかもしれません。

しかし、そうした原因探しは観察ではないということです。

観察は、ただそのままの状態を感じることです。


では、なぜ観察するのかというと、五感を通して感じる体感だけが、唯一あなたに知ることができる客観的な事実だからです。

それ以外に私たち人間が世界を正しく認識する方法はありません。

見る、聞く、嗅《か》ぐ、味わう、感じるといった感覚以外で何かを認識している人はいないはずです。

なんとなくそう思うといった第六感も、五感から派生したものです。

つまり、生きるとは五感そのものなのです。


自分の体なのだから主観なのではないかと思う人がいるかもしれませんが、人間の体はそのほとんどが不随意に動くものです。

自分の意思で動かせるのは腕や脚といったごく一部であり、体を体として機能させるための神経系、内分泌系、免疫系はあなたの意思とは関係なく常に反応し、動き続けています。

あなたの体の反応に主観が入る余地はありません。


風邪をひいたときに、「なぜ風邪をひいたのだろう」と原因を探すのは観察ではありません。

「あぁ、頭が痛い……。ジンジンと痛い」とその痛みを感じることが観察です。

緊張しているときには心臓の鼓動が速くなります。

あなたがいくら鼓動を止めようと思ってもできません。

自分の意思でコントロールできないからこそ、事実なのです。

事実にあなたの主観は入りません。

事実は誰が見ても聞いても同じです。

多くの人は、思考や感情が自分の本当だと思っていますが、それらはじつは本当ではありません。

生きてきた中で身につけた価値観や社会通念、羞恥心や義務感といった、あなたではない何かです。

あなたの過去の体験が、あなたの思考や感情なのです。


なぜ痩《や》せたいのですか。

なぜ結婚したいのですか。

それは本当にあなたの考えでしょうか。

初対面の人に嫌な感情を抱くのは、小学生のとき、その人によく似たクラスメイトに意地悪をされたからではないですか。

何も知らない初対面の人をなぜ嫌いになれるのでしょう。

本当にあなたが感じているのは、嫌いといった感情ではなく、胸の震えと呼吸の乱れです。

何かトラブルが起きると、すぐに自分のせいだと思う人がいます。

誰もあなたのことを責めていないのに、他人のちょっとした発言が非難に聞こえます。

恋人に浮気をされているのに別れられない人がいます。

涙ながらに謝られると、この人には私しかいないとグッと込み上げる感情を抑えられないのです。

これを読んでいるあなたは馬鹿馬鹿しいと思うでしょうが、それくらい思考や感情は間違うものなのです。

また、あなたは目の前にあるものであってもすべてを見ているわけではありません。

人は見たいものを見て、聞きたいことを聞きます。

どれだけ探しても見つからなかったものが、ヒョイッと出てきた経験は誰にでもあると思います。

あれは本当に隠れていたのではなく、あなたの目に見えていなかっただけです。

人と話をしていても、「なんだか言いたいことが通じていないな」と思う瞬間があると思います。

あれも、人は目の前の人の話を本当は聞いていないからです。

自分の聞きたいように、聞きたい部分だけを聞いています。


これは、ひとつの事実を目の前にしていても、本当は人の数だけ異なった現実があるということです。

同じものを見ていても、人によって何を見ているかは違います。

だから、あなたの目の前に広がる世界は、あなただけのものです。

他の人には見えていません。

世界があなたの体感だけでできているのなら、幸福な人生を歩むのは簡単です。

あなた自身が整った状態でいたらいいのです。

この世のすべてはあなたの体で受け取るのですから、一番大切なのは心ではなく体です。

体が整ってさえいれば、心も自然と整います。

鍵は「悪いなら悪いままにする」

整った状態とは、良い状態のことではありません。

「今」のまま、自然な状態であることが整っているということです。

良くないのに良くしようとしてはいけません。

良くないものを良くするのは、わかったつもりになることと同じです。

勝手に変えてはいけません。

「今」を正しく観察できるのは体しかないのに、それすらも変えてしまったら、あなたには何もなくなってしまいます。

良くないものを良くしてしまうことは、もったいないことなのです。

悪いなら悪いまま、それがあなたの「領分」を知るための鍵です。

しかし、ほとんどの人はすぐに良くしようとします。
わからないのにわかろうとします。
思考や感情に揺さぶられ、そのままにしておけないのです。
思考や感情は刺激的です。
つい夢中になるのも仕方のないことです。
しかし、それではいつまで経ってもお金持ちははじまりません。
観察力があることが、お金持ちとそうでない人の違いだからです。

お香に火を灯《とも》す。
お風呂にお湯を張る。
温かい飲み物を飲む。
観察は、その一つひとつを自覚的にすることです。
観察は、難しくありません。
観察は、体感を感じることでした。
体感は生きることそのものでした。

つまり、ただ生きているだけで、本当はもう私たちは観察しているのです。
日々を雑にせず、丁寧に生きることこそが観察なのです。
だから、ものがたくさんあってはダメなのです。
だから、縁の終わった人といつまでも一緒にいてはダメなのです。
いらない思考を生み、あなたの意識を奪います。

あわててはいけません。
ゆっくり話しましょう。
誰のためでもありません。
あなたの耳が聞いています。
所作を丁寧にしましょう。
良い言葉を使いましょう。
優しい香りを嗅いで、肺を満たすのです。
わかる言葉を使いましょう。
わからない言葉はあなたから観察力を奪います。

仕事を雑にしてはいけません。
身なりを美しくしましょう。
美しいとは似合うということです。
似合うとは整っているということです。
整うとは、良くするということではありません。
そのままでいるということです。
そのままのあなたが一番美しいのです。
変えてはいけません。
ありのままを丁寧にすることが、あなたの観察力を高めます。

幸せは、気分です。
あなたが何を見て喜び、何をして感動するのか、他人にはわかりません。
あなたが自分の幸せに気づかない限り、どんなに探しても辿り着く場所はないのです。
あなたの幸せを知るためには、観察して自分の普通を知る以外にありません。

普通があなたの世界であり、「領分」だからです。
この世に奇跡は起きません。
起きることは、いつも普通で当たり前のことなのです。

この世は等価交換でできている

あなたの状態とピッタリのお金が生み出されていく

この世は等価交換です。
あなたが出したものとあなたが受け取るものは、いつも等しくなっています。
あなたは自分の使えるお金が何に比例しているか知っていますか。
時間でしょうか。それともスキルでしょうか。
違います。
答えは、「生活費」です。

もう一度あなたが会社を経営していると想像してください。

「私」が「私」を作り、「私」が「私」を欲しいと思い、「私」が「私」に「私」を支払う。

お金は「私」でした。

あなたにお金を支払ってくれるのは「私」です。

食べるに困る「私」では、支払うお金がありません。

子どもの教育費なら払えるのに、自分のワンピースは買えない。

そんな「私」では、あなたの商品も買わないでしょう。

「私」がどんな暮らしをしているか、それがあなたの会社の売上を決めます。

あなたの普通があなたの使えるお金の量を決めるのです。


毎月の生活費が20万円の人が、1億円を稼ぐことはまずありません。

稼ぐ必要がないからです。人は、必要のないことはしません。

あったらいいな、で手に入るものはないのです。

必要と欲しいは違います。
必要は、当たり前という意味です。
あなたにとっての当たり前の暮らしには、いくらお金がかかりますか。
住宅費、食費、教育費、娯楽費などにいくらのお金をかけているでしょう。
「生活費」なので、ファーストクラスのチケット代は入りません。
勇気を出して使うお金は生活費ではないからです。
贅沢にお金を使ってもその分は返ってきません。
返ってくるのは不安です。
たまの贅沢は楽しいものです。
しかし、贅沢ばかりをしているお金持ちはいません。
贅沢のワクワクと不安のハラハラは同じだと知っているのです。

毎年たくさんの会社が新設されますが、5年後には6割が廃業します。
その理由は簡単です。
多くの人は「ビジネス」と聞くだけでパニックになり、とにかくたくさんのお金を稼がなければいけないと考えます。稼げば稼ぐほど良いと思うのです。

違います。

ビジネスはギャンブルではありません。

お金はあなたです。

ビジネスは、あなたが生きていることそのものです。

あなたの状態とピッタリのお金が生み出されていくことが、ビジネスがうまくいっているということなのです。

努力と我慢を勘違いする私たち

ビジネスは人のすることです。

あなたは常に変化しています。

毎日さまざまな出来事が起きます。

体の状態も違います。

そんなあなたがするビジネスも、常に変化して当然です。

それを無視してお金の量に囚《とら》われ続けていては、あなたとビジネスが切り離されてしまいます。それで得るお金はもはや報酬ではなく、我慢料です。

商品は「私」でした。

しかし、観察力がないと「私」がわかりません。

私がわからないと、商品がどれくらい「私」なのか、100%私なのか、60%私なのかもわかりません。


あなたが60%の商品を販売するとします。

この世は等価交換ですので、60を売れば60が返ってくるはずです。

しかし、「領分」がわかっていないと、がむしゃらに売上を上げたり、売る努力をしなかったりと、自分にとっての当たり前と違う行動をします。

60を売って100が返ってきたとします。

想定よりたくさん売れたということです。

これを喜んでいる人は、お金持ちがはじまりません。

この世は等価交換です。

60を売って100が返ってきた。

その差の40は何で埋めるのでしょう。

その40を埋めるのは、あなたの我慢です。


あなたがエステティシャンだとします。

今月の予約枠は20人です。

でも、あなたの施術は人気なので、お客さんがたくさん集まってくれます。あなたは喜んで30人の予約を受けました。

20人までは楽しく仕事をすることができます。

しかし、残りの10人はどうでしょう。

もう体はクタクタです。

予約がいっぱいで、家族や友人との約束もキャンセルしなければならなくなりました。

あなたとの約束を楽しみにしていた人はがっかりします。

あなたはその顔を見て申し訳ない気持ちになります。

そんなあなたの状態は、施術にも影響します。

あなたの商品はあなた自身ですから当然です。

施術に満足しないお客さんが現れます。

怒りを露《あら》わにするお客さんもいるかもしれません。

あなたはそんなお客さんの態度を見て、申し訳なく悲しい気持ちになります。

しかし、もう予約を受けています。

お金をいただいています。最後のひとりまでやり切るしかありません。


あぁ、疲れたな。今日も怒られちゃったな。

でも頑張らないと。お客さんが来てくれなくなっちゃう。

こうしてあなたに我慢が生まれます。

一度生まれた我慢はあっという間に次の我慢を生み、そのループを止めることはなかなかできません。

お客さんが来てくれなくなったらどうしよう。

今のうちに信頼を取り戻さなきゃ。
売上が減ったら同業者になんて言われるだろう。
家族が知ったらがっかりするだろうな。

人は努力と我慢を混同します。
我慢は努力ではありません。
我慢はあなたの思考が生んだ不安です。
体感はあなたに伝えています。
初めから、あなたの胸はザワザワしていたはずです。
体感を無視した不安由来の言動が、あなたの不安を解消することはありません。
我慢はさらなる我慢を生むのです。

痩せていない自分には価値がないとはじめたダイエット。
どれだけ痩せても満足には辿り着きません。
これくらい痩せていたら大丈夫かな。

もっと痩せないと馬鹿にされるかな。あの子は私よりも細い。

私ももっと痩せなきゃ。まだまだ足りない。

不安由来のダイエットはあなたを追い詰めるだけです。

お金の稼ぎ方も使い方もあなたの領分通り

お金はあなたです。

ビジネスはあなたが生きていることそのものです。

ビジネスに生まれる我慢は、生きることに対する我慢です。

我慢はそう長くは続きません。

6割の会社が5年以内に廃業する理由は、観察力のないまま不安由来のビジネスをするからです。

60の商品なら60売れることが正解です。

それ以上売れてはいけないのです。

売上を大きくすることが正解ではありません。

あなたとお金が、あなたの人生とビジネスが、いつもピッタリ同じであることが正解なのです。


冷静なあなたとパニックなあなた。

健康なあなたと不健康なあなた。

優しい眼差しのあなたとそうでないあなた。

お金は、あなたがどんな状態であるか、整っているか、良くしようとしていないか、それらが反映されているだけです。

あなたが60なら、入ってくるお金も60でなければいけないのです。

100が入ってきてほしいと思うのなら、あなたがすべき努力は、あなたを100にする努力です。

「もっとお金を得るためにはどうしたらいいのだろう」と考えているようでは、いつまで経ってもお金に翻弄される人生です。

人には多くの役割があります。

たとえば私なら、両親の娘であり、子どもの母であり、経営者で、女性です。

子どもが小さかった頃は、シッターを雇い、出張先に連れていっては託児所を探し、必死に時間を捻出しました。

それだけしても、今に比べると仕事に使えるリソースは小さなものでした。

役割をたくさん持った私たちは、その時々に合わせてビジネスのあり方や収入が変化して当然です。

小さな子どもがいる専業主婦が、お金を稼いでいないことに悩むのはおかしなことです。

小学生の子どもを持つお母さんと、大学生の子どもを持つお母さん。

どちらがより多くのリソースをビジネスに使えるか、考えるまでもありません。

親の介護をしているのなら、あなたは「今」ビジネスをするタイミングではないということです。

あなたの「領分」は、あなた自身です。

「今」のあなたを無視してビジネスをうまくいかせよう、収入を得ようなどと考えても不可能なのです。

また、あなたはお金をどのように使っているでしょうか。
稼ぎ方だけでなく、使い方もあなたの「今」にピッタリでなければいけません。
大量生産のチープな服は、本当にあなたに似合っているのでしょうか。
それはあなたが本当に欲しいものですか。
過度の贅沢は不安を生むだけです。
不安は、あなたの人生をさらに不安に陥れます。
あなたの「普通」の中に、あなたの幸せはあるのです。
当たり前を大切にしなければいけません。

あなたの生活は、あなたが勇気を出さなくてもできることだけでできているはずです。ハラハラする毎日など耐えられるものではありません。
平飼いの卵を買うことは少しの出費が増えますが、勇気を出すほどのことではないはずです。

あなたが勇気を出さなくてもできること、でもしてこなかったこと。

そして実際にやってみたらあなたの生活が快適になること。

そこに、お金を使うことがあなたの使えるお金を増やすのです。

そしてその生活があなたの当たり前になったとき、あなたのビジネスは拡大し、売上は増え、収入も上がります。

お金持ちは何にお金を使っているのか

では、お金持ちは何にお金を使っているのでしょう。

何を当たり前として、どんな暮らしをしているのでしょう。


お金持ちはたくさんのものを買いません。

いつでも買えるので、あまり欲しいものがないのです。

いつも何かを欲しがっている人は、買えないと思っているから欲しいのです。

そして、そういう人は観察力がないので、手に入れてもものを大切にしません。Amazonの段ボールのように、バッグや服が部屋に山積みです。

お金持ちはコミュニケーションのためにお金を使います。そのものが欲しいのではなく、それを売っている人とのコミュニケーションが目的でものを買うのです。

欲しいものだけを買っているうちは、お金の量に価値を見出しているのと同じです。

お金持ちは周りにいる人たちが良いものを提案してくれるので、それを必要な分だけもらえば十分なのです。

お金持ちは一番欲しいものを素早く手に入れます。

一番欲しいものを手に入れるので、家がものであふれかえることもありません。

観察力がない人は何が一番欲しいものなのかわからないので、良さそうなものをたくさん集めて欠乏感を満たそうとします。

しかし、どれだけ買っても気持ちは満たされません。

欲しいものリストの2位から10位を手に入れても、1位が手に入らない限り人は満足しません。

観察力がないうちは次々にものが欲しくなるのです。


お金持ちは、健康のためにお金を使います。

「観察」は自分の体を通して行うものです。

健康を蔑《ないがし》ろにしているお金持ちはいません。

あなたの体で、世界を、人生を、あなたを知るのですから、あなたの体より大切なものはありません。体を大切にしてください。

外食ばかりしている人が自炊をするようになるだけで、うつ状態が改善します。

運動習慣のない人がウォーキングをはじめただけで、ポジティブに物事を考えられるようになります。

糖質の摂《と》りすぎをやめただけで、他人をうらやむ気持ちがなくなります。

高脂質の食事をやめると、あんなに疲れていた体が嘘《うそ》のように軽くなります。

体の状態が整ってくると、事実を正しく認識することができるようになります。

それは、幸せを幸せのまま認識できるようになるということです。

思考や感情に惑わされることがなくなります。


お金持ちという生き方が少しずつわかってきましたか。

よくわからなくても、「今」はなんとなくの理解でかまいません。

「今」は、あなたの新しい人生が動きはじめたことを喜びましょう。

ゆっくりと深呼吸をして、体をリラックスさせましょう。

体が緊張していては、わかるものもわからなくなってしまいます。

難しい話はひとつもありません。

あなたがここまで本書を読み進められたのも、すべてあなたの話が書いてあるからです。私はずっとあなたの話をしています。


お金はあなたです。きっとあなたにも笑いかけてくれます。

ビジネスはあなたが生きていることそのものです。

あなたが日々を丁寧に暮らしていれば、ビジネスはうまくいくのです。

さぁ、次章では「正しいビジネス」の話をしましょう。

正しいビジネスの方法は、お金持ちとして生きる方法と同じです。

実際にどんなことをすればお金持ちがはじまるのか、あなたがこれからビジネスをはじめると想定して読み進めてください。

そして、実際にその通りに行動をすればあなたのビジネスはきっと成功します。

この通りに行動して、これまでに何人もの人がお金持ちをはじめています。

皆、最初は初心者でした。

あなたにも必ずできると信じています。

準備はいいですか。

では、第2章に進みましょう。

第2章

世にも美しいビジネスの話

うまくいっている人は何をビジネスにしているのか

生きていることそのものがビジネス

あなたはこれからビジネスをはじめます。
そうイメージしながら、ここからの話を聞いてください。
まず、あなたの商品を決めましょう。
どんなビジネスをしたいですか。
何を売りたいですか。

どんなサービスを提供したいですか。

すでに商品が思い浮かぶ人は、なぜそれを自分の商品にしようと思ったのか思い出してください。

もしその商品を、時代に合っている、需要があるなどを理由に決めたとしたならば、すでにそのビジネスは失敗しています。

なぜなら、商品はあなた自身であり、ビジネスは、あなたが生きていることそのものだからです。

お金の話には「あなた」以外登場しないはずなのに、時代や需要といったあなた以外を根拠にしている時点で、それはビジネスの話ではなくなっています。


まず、あなたが売る商品は、あなたが好きなものでなければなりません。

ビジネスはあなたの一日の時間の多くを使います。

時間はあなたの人生、あなたの命そのものです。

生きていることそのものがビジネスなのですから、商品はあなたの好きなものであって然《しか》るべきです。

では、あなたの「好き」はなんでしょう。

こう聞くと、言葉に詰まる人がいます。

ビジネスにしたいような「好き」がないと言うのです。

つまりそれは、「今」すぐ簡単に儲《もう》かるような「好き」がないということなのですが、そんなものはほとんどの人にはありません。

あれば、とっくにビジネスがはじまっています。

ここで私が問いたい「好き」は、あなたの「純粋な好き」です。

誰に格好をつける必要もなく、どんな条件にも縛られないとしたなら、あなたは何が好きだと答えるでしょうか。

「好き」はあなたの後ろにある

「純粋な好き」の見つけ方は簡単です。

あなたの後ろを見てください。

「好き」は、あなたが体験してきたことの中にあります。

まだ体験していない未来に「好き」はありません。

スマホや雑誌の中を見て「好き」を感じたとしても、それは誰かの体験です。

あなたの通ってきた道以外に、あなたの「好き」はありません。

人はつい、誰かが持っている良さそうなものを好きだと勘違いする生き物ですが、誰かにとっての好きはあなたの好きではありません。

留学経験のある女性を見てうらやましいと思ったとしても、あなたの幸せに海外経験は必要ありません。

結婚している友人を見て幸せそうだなと思ったとしても、あなたが結婚したからといって幸せになるとは限らないのです。

横ではなく、後ろを見ましょう。あなたがこれまでに体験してきたことの中に、必ずあなたの「好き」があります。

なぜなら、人は体験して初めて、それが好きかどうかわかるからです。

有名店のパンケーキも、食べてみないと本当に美味《おい》しいかはわかりません。

食の好みは人それぞれです。

ずっとやりたかったスキューバダイビングも、いざやってみたらもう二度とごめんだわと思うかもしれないのです。

そんな体験は、これまでに何度もしてきたはずです。

探すのは「あなたの好き」です。

ビジネスは、あなたの話です。

他人の「好き」や、他人にウケそうな何かを選んだ時点で、ビジネスは破綻しています。


それでも、「好き」がわからないという人は、「ちょっと好き」をいくつかピックアップしてみてください。

何十年と生きてきて、「ちょっと好き」もない人はいないはずです。

そして、その中のひとつを「好き」ということにしてしまうのです。

人は、時間をかけ、丁寧に育てたものを好きになります。

「とっておきの好き」でなくとも、時間をかけたものは好きになっていくのです。

恋愛がはじまったばかりより、1年付き合ったあとの方が相手のことをより大切に思うはずです。

生まれたばかりの赤ちゃんはもちろんかわいいものですが、共に過ごす時間が長くなればなるほど、子どもに対する愛は大きくなるでしょう。

大切だから大切にするのではなく、大切にするから大切になるのです。

それはビジネスも同じです。

人生とビジネスを別のものと考えてはいけません。

「好き」が見つからないあなたも、今から「好き」を育てましょう。

それにはもちろん時間がかかります。

しかし、思い出してください。商品はあなたです。

あなた以外を売るのなら、それはあなたがする必要がないのです。

好きなことよりも得意なことをビジネスにするべきだ、という話を聞いたことがあるかもしれませんが、それはどちらでもかまいません。

なぜなら、得意をビジネスにしても、続けていくうちに「好き」になっていくからです。

時間をかけましょう。

簡単にうまくいくことは、簡単に色あせます。

簡単に儲かることは、簡単に儲からなくなります。

あなたに味方するのは、時間です。

花に救われた私がパリに飛び立った理由

すでにビジネスをはじめている人の多くは、それを体験したことにより自分の人生が良くなったことをビジネスにしています。

つまり、「好き」なことです。

私もその通りで、花に救われた体験から、最初は花仕事をビジネスにしました。

花に救われたなんて大袈裟《おおげさ》に聞こえるかもしれませんが、それはまさに事実なのです。

当時、離婚、脳の手術、目の手術と大変な出来事が続いていた私は、クタクタに疲れていました。

これからも続くと思っていた人生の道が途絶え、目の前に道標《みちしるべ》がない状況はとても恐ろしく、体は常に緊張していました。

世界はわからないことにあふれていました。

わからなければ生きていけないと、必死でわかろうとしていました。

私は孤独だったのです。

そんなとき、花とパリの街並みを特集した雑誌を目にしました。

そのときの衝撃は、10年以上経《た》った今でも忘れられません。

なぜあんなにも強烈にひかれたのか、当時はまったくわかりませんでした。

しかし、体は嘘《うそ》をつきません。

体から余分な力が抜け、口が少し開いたのです。

その半年後、私は子どもを連れてパリの街並みの中にいました。

パリでは必死に花の勉強をしました。

見るもの聞くもの、そのすべてが新鮮でした。

新しすぎて、呆然《ぼうぜん》とする時間の方が長かったのが正直なところでした。

パリで勉強していたなんて言うと、格好よく聞こえるかもしれません。

しかし、言葉もわからず、異国の地で小さな子どもとふたりきり。

何度も泣きたい気持ちになりました。

なぜここに来たのだろうと、自分の選択を疑ったこともありました。

それでも、徐々にわかっていくのです。


花に触れる時間は私に大きな癒しを与えました。

しっとりと濡《ぬ》れた茎、ベルベットのような花びらから漂う香り、水の冷たさ、葉のこすれる音。

必死になるしかないその環境の中、花に触れる過程のすべてが私の五感を刺激し、必然的に観察力が増していく日々でした。

自分がすっかり疲れ果てていることにも気づくことができました。

日本にいては、疲れていることに気づくことすらできなかったのです。

日本にいたときの私は都会に暮らし、自然から切り離された暮らしをしていました。

自宅に花を飾る習慣もなく、目にする植物は公園の植栽や街路樹のみ。

そんな暮らしをしていた私にとって、毎日何時間も花に触れる体験は自然が凝縮された時間でした。

日本に帰国してから自分で花仕事をはじめたのも、観察力を育むためだったと「今」ならわかります。

都会に暮らしていると、どうしても五感が鈍くなっていきます。

コンクリートに囲まれ土の匂いもしない街は、便利で清潔ではあるものの、人間から感じる力を奪います。

暮らしの中に花を取り入れることで観察力がつく

かつてミャンマーの少数民族の村に行ったことがあります。

村にはたくさんの動物がいました。豚もいれば犬もいました。

家畜なのかペットなのかはわかりませんが、それらの動物は私たちが普段街で見ているものとは違う姿形をしていました。

細い脚、大きな顔、太い毛並み。なぜそうした外形になるのかはわかりませんが、ミャンマーの山村という自然に順応すると、そうした体つきになっていくのだと思いました。

動物たちは、私を恐れませんでした。

躊躇《ちゅうちょ》なく近づき、触れてこようとしました。

私も同様に、彼らを恐れる気持ちはありませんでした。

言葉は通じませんが、村の自然の中にいるだけでなんとなく通じるものを感じたからです。

その村に住む彼らも同じでした。

たまたま、神様に生贄《いけにえ》を捧げる神事をしている場面に遭遇し、そこに参加させてもらうことができました。

大人も子どもも私を受け入れ、お酒や食事をふるまってくれました。

みんなニコニコと笑っていました。外国人への好奇の眼差《まなざ》しでもなく、言葉が通じなくてもコミュニケーションを取ろうとし、「今」ここにいるのだから一緒に過ごせば良いのだと伝えてくれました。

私も初めての生贄を前にしても臆する気持ちなく、その場にいることが当たり前のような感覚で祭壇を見つめていました。

少数民族の村やジャングルの大自然に行かなければ観察力がつかないのかといえば、そんなことはありません。

たしかに、そうした手つかずの自然が残る場所は、体感が大きすぎて思考が止まります。考えなくても、体が勝手にわかっていきます。

しかし、かつてのパリでの私のように、街にいても観察力は身につくものです。普段五感を刺激する体験の少ない人ほど、花や植物に触れる時間を持つだけで観察力が養われます。

それだけのことで？　と思うかもしれませんが、そんな簡単なことさえ不足しているのが現代人の暮らしなのです。

私のクライアントの多くも、かつての私同様に自然から切り離された生活をしている人がほとんどでした。

しかし、暮らしの中に花を取り入れるようになってからは、はっきりと人生が変わったと教えてくれる人がたくさんいます。

花や植物については、第3章で詳しく話していきますので、この続きはそちらを楽しみにしていてください。

ビジネスは「今」「好き」であるものが条件

「もっと自分を救いたい」がビジネスになる

パリの街で、自分という人間をわかった瞬間がありました。

花仕事の休憩時間、自宅で握ってきたおにぎりを公園で食べていたとき、私という存在に深く納得したのです。

何者でもないアジア人の私。

誰も私を見ておらず、誰にも役割を求められない私。

それでもベンチに座って街の風景として存在することを許されている。

口元がゆるみ、呼吸が深くなったのを感じました。

私はどこで何をしていても、生きている限りその存在を許されているのだと、その瞬間自覚したのです。


そこから先は、花と過ごす時間が長くなればなるほど、目の前に広がる世界との調和を感じるようになりました。

私が気づいていなかっただけで、私はいつも自然の中にいました。

これまでも、これからも、いつも大きな世界の中にいました。

パリの公園でそれに気づいたのです。

花と出会い、ここから先の人生を、全体の中のひとつとして生きようと思いました。

花とパリの街がなければ、私の人生はこうなっていなかったと確信しています。

しかし「今」はフローリストではなく、エネルギー哲学を伝えています。

花仕事はとてもうまくいっていました。

続けていれば、きっと生徒さんは来てくれたと思います。

それでも、自分の体感を無視することはできず、教室を閉じることにしました。

「今」でも花や植物は常に家の中にあります。

欠かすことはありません。生活の一部になっています。

しかし、「今」の私がやるべきことは、花のレッスンではなくエネルギー哲学なのです。

ビジネスは、「今」の自分が夢中になれる「好き」でなければいけません。

もうすっかりそれに満足しているものは、ビジネスにはならないからです。

あなたの「好き」はあなたの後ろにありますが、あなたがビジネスにしていいのは「今」の「好き」だけです。


たとえば、人間心理や精神世界を学ぶ人は、なんらかの心傷つく出来事があったからという人が多いと思います。

「入学してくる学生たちは傷ついた過去を持つ人が多いですが、ここで過ごす4年間で自分を癒していきます」

大学の心理学部の教授がこう話すのを聞いたことがあります。

人間心理や精神世界を学んだ人たちの中には、自分が救われたと感じると、今度はそれらを使って別の誰かを助けてあげたいと思う人が多くいます。

しかし、「助けてあげたい誰か」は過去の自分ですから、正しくは「もっと自分を救いたい」です。そして、これが正解です。

お客さんは、あなただからです。

あなたがこれからビジネスをはじめ、成功したとしても、いつも「今」のあなたの「好き」がビジネスになることを忘れないでください。

ビジネスの話は、あなたの話だからです。

リスク分散だけではない、事業が複数になる理由

ただ注意が必要なのは、人間心理や精神世界を学んだ人が、それそのものをビジネスとしていられるのは、自分が何かに悩まされている間だけだということ。

すっかり悩みが解決すると、それそのものをビジネスにしていることが段々苦痛になっていきます。

人は、必要がないことに一生懸命になることはできません。

どんなに夢中になったものでも面倒に感じたり、飽きたりするのです。

しかし、多くの人は一度うまくいったものを辞めることができません。

自分を求めてくれるお客さんがいる、売れば買ってくれる人がいる、そんな状況にあると、人はつい自分の体感を無視してしまいがちです。

ただ、そうした状況でビジネスを続けていたとしても、そこには我慢が生まれています。それは自分が一番よく知っています。

それではいくらお金が稼げていたとしても、ビジネスがうまくいっているとは言えませんし、実際にうまくいかなくなるのも時間の問題です。

商品も、流動的なものだということです。

お金の量だけでなく、商品も販売方法も何もかも、一度決めたらおしまいではないのです。

ビジネスがうまくいっている人たちは、いくつもの収入源を持っています。

私の周りの会社経営者たちも、エステサロンを経営しながら不動産業をしたり、眼鏡店を営みながらセミナー講師をしたり、自動車の部品を作りながら携帯電話の販売をしたりと、複数のビジネスを行っている人がほとんどです。

複数の事業をしているという状況だけを見ると、リスクを分散するために行っていることに思えるかもしれません。

しかし、実際の経営者の感覚では、「興味関心が移ったから新しいことをやる」「興味関心がなくなったから辞める」それだけです。

誰かに「なぜ」と聞かれたら、「リスクヘッジですね」と答えるかもしれませんが、実際物事を判断するときの指針は「だって、そう思うから」だけです。

ですから、これからビジネスをはじめるあなたも、観察力さえあれば何をビジネスにしてもうまくいきます。

そして、ビジネスを続けていれば事業が複数になるのは普通です。

あなたの変化に合わせて、ビジネスも変わるのです。

「今」、私が伝えているエネルギー哲学は、東洋思想を前提とした人生哲学です。私が人生を通して体験してきたことを体系立てて、皆さんに伝えています。

エネルギー哲学を通して伝えているのは、人が幸せに生きるためのすべてです。

すべてなんて言い切ってしまうと大胆に思われるかもしれませんが、事実エネルギー哲学にはすべてがあります。

なぜなら、私たちの人生のさまざまな側面は、どれも同じ仕組みで成り立っているからです。

お金、ビジネス、恋愛、結婚、人間関係、健康。一見別のものに見えますが、すべて同じ仕組みです。

人間が自然の中のひとつであるように、私たちの人生のどの側面も私たちと切り離されるものではありません。

私の元には、道に迷いこの世の仕組みを知りたいと思う人が集まってくれます。

しかし当然ながら、私はこの世のことをなんでもわかっていて、なんでもできるからエネルギー哲学を教えているのではありません。

私自身が人生に迷うことがあるからこそ、エネルギー哲学をビジネスにしているのです。

人生に絶望していた時期があるからこそ、幸福とは何かを追求する人生を生きています。

この先私が、人の幸不幸について考えることがなくなったとき、私はこのビジネスを辞めます。

たとえどんなにたくさんのお客さんが来てくれたとしても、続けることはできません。

うまくいっているものを辞めることは損のように思えるでしょう。

しかし、それではお金の量にばかり価値を見出していることと同じです。

お金の量に囚《とら》われているうちは、お金持ちははじまりません。

目に見えるお金の量と、実際にうまくいっているかどうかは関係がないのです。

あなたのビジネスは、あなたが生きていることそのものです。

人生の外側に、ビジネスという自分ではない何かをくっつけることではありません。

「今」あなたがはじめようとしているビジネスは、「今」のあなたが夢中になっていることでしょうか。

それとも、かつてのあなたが夢中だったことでしょうか。

ビジネスをはじめようとしている「今」だけでなく、ビジネスをしている間は常に自分に問いかけてください。

こんなビジネスは恥ずかしい……と思うあなたへ

それでもまだ、自分にはビジネスになりそうなものが何もないというあなたは、きっとこう考えているのでしょう。

誰に話しても恥ずかしくない、立派で格好いいビジネスがない。

だから自分にはビジネスがはじめられない。

そうではありませんか。

親兄弟や親戚に知られたくない。

友人に見られたらなんて言われるだろう。

堂々と言える資格も実績もない。

だから、本当はいつも「あのこと」を考えているけれど、「あのこと」ばかり検索してしまうけれど、そんなことをビジネスにしたら、変な人だと思われてしまう。

だから、なかったことにしよう。


あなたの人生は、あなたのためにあります。

あなたの人生は、あなたが幸せに生きるためにあります。

誰かがあなたを笑ったとしても、本当は、あなた自身は傷つきません。

もし、人に笑われて傷つくとしたなら、それはあなたが傷ついたのではなく、あなたのプライドが傷ついただけです。

あぁ、こんなところにいらないプライドを持っていたんだなと思って、それを捨てたらいいのです。

なんでもいいのです。本当になんでもかまいません。

人の話を聞くのが好きだからカウンセラーになろうでもいいですし、お菓子を作るのが好きだから焼き菓子店をやろうでもかまいません。

そんなのうまくいくわけがないと思ったのなら、それは思考と感情が嘘をついているだけです。

あなたの体感を観察してください。

それをしているときのあなたには、どんな体感があるでしょうか。

私はエネルギー哲学を人に伝えているとき、顔は笑い、口は大きく開いて、次から次に言葉があふれ出てきます。

体はリラックスして、無駄な力が入っていません。

あなたがそれをしているときはどうでしょうか。

もし何も制限がなかったとしたら?

もし1億円あったら？

もし時間が十分にあったら？

もし手伝ってくれる人が現れたら？

それならやりたい！　と思うのならば、それは「今」すぐビジネスにすべきことです。


お金も時間も人も、あとから必ずついてきます。

心配すべきことは、「今」その種を自らの手で腐らせてしまうことだけです。


私は、健康美容補助食品の会社も経営しています。

その会社で取り扱う商品は、ツバメの巣などを原料とした美容ゼリーです。

私がこの商品を発案してから販売するまでに、3年の時間がかかりました。

発売から3年前のある日、キッチンにいた私は仏図（ふと）、ツバメの巣が気になりました（「ふと」を漢字で表すと「仏図」。神様からのメッセージということです）。

あれって美容効果がすごいんだよね。自分で調理できるものなのかな？

そう思った私はすぐにネットで検索し、良さそうな雰囲気のサイトでツバメの巣を購入しました。

ご存じの方も多いと思いますが、ツバメの巣は主に中国料理で使われる高級食材です。乾燥した小さな巣が、何万円もします。

届いたツバメの巣を、ネットで検索した通りにシロップ煮にしてみました。

味は……美味しくありません。

しかし、次の日には肌が内側から発光するのをはっきりと感じました。

美味しくないけれど、買った分だけは食べてみよう。

そうして毎日ツバメの巣を食べ続けました。すると、毛穴は小さくなり、法令線はすっかり消え、フェイスラインがスッキリしました。

そんな効果を、当時39歳の私が手放せるわけがありません。

しかし、本当に美味しくないのです。値段も高すぎます。

これを毎日食べ続けるのは現実的ではないと思った私は、「よし、製品化しよう」と次の瞬間に心を決めました。

わからないものを
わかろうとしないからできたこと

製品化と簡単に言っても、どうしたらいいのか当時は何もわかりませんでした。
だからこそ、素人らしくどんどん想像をふくらませます。
ツバメの巣と何を掛け合わせようかな。
何味がいいかな。マンゴーとか？　パイナップルもいいかも。
たしか、有名な女優さんが毎朝食べているんじゃなかったっけ？
誰だったかな、調べてみよう。
さらに想像をふくらませます。
いくらで販売したら、みんなが毎日食べられるだろう？
あまり高いと負担が大きいから難しいよね。
じゃあ、コーヒー一杯分くらいなら？　いいかも。
でもこういうのって、誰に言えば作ってもらえるんだろう？　検索してみよう！

しかし、調べてもよくわからないのです。

素人には、ネット上に書いてあることの意味がちっともわかりません。

うーん、よくわからないから、とりあえずまた今度にしよう。

わからないものはわかろうとせず、そのままにしておきました。

そして、ある日。何気なく美容のことを検索していると、ある会社のホームページがヒットしたのです。

連絡をするとすぐに返事をもらえ、面談をすることになりました。

そこから、商品開発がはじまっていきます。

何が言いたいのかというと、「やりたい！」と思った種を、勝手に腐らせてはいけないということです。

新しいことをするときは、誰だって素人です。

でも、素人だからこそ、業界の常識に囚われることなく好きに想像をふくらませることができます。

わからないからできないのではなく、わからないからできるのです。

しかし、多くの人は、わからないとできないと思ってあきらめてしまいます。

そうではありません。

わからないことはわかろうとせず、そのままにしておくのです。

そして、あなたは目の前のわかることだけをしていく。

いつでもやることは同じです。


この世は、わからないことだらけです。

なぜあなたは生まれたのか、なぜ地球が誕生したのか、なぜ植物が地球を繁栄させたのか、なぜ人は老いるのか、人類に生きる意味はあるのか、あなたは誰なのか。

誰にもわからないことばかりです。

生まれたときからわからないものに囲まれて生きている私たちです。

わからないことを理由にあきらめるものなんて、本来何もないのです。

わかることは、自分の体の体感だけ。
それ以外にわかると思っているものがあるとしたなら、それはまったくの勘違いです。

あなたの「好き」はなんですか。
人生は3年あれば変わります。たったの3年です。
「好き」を決めて、今すぐ動き出しましょう。

ビジネスで大切なことはたったのふたつ

「商品」と「売り方」が完璧であることが大切

ビジネスで大切なことはたったのふたつです。
ひとつは商品が完璧であること。
もうひとつは売り方が完璧であること。
このふたつだけです。
では、順に見ていきましょう。

商品と売上が一致することの重要性は、第1章でお話ししました。

あなたの商品が60なのに、100売れてはいけないという話です。

商品が完璧であるとは、たとえばあなたが鍼灸師《しんきゅうし》なら、鍼灸師の世界で一番になるということではありません。

どの業界にも素晴らしい人がたくさんいます。

そうした人たちと自分を比べて完璧を目指すということではなく、「今」あなたが完璧にその商品が好きかどうかということです。

なぜなら、あなたの商品を買ってくれるのはあなただからです。

「今」のあなたが好きな商品でないと、「今」のあなた（お客さん）は買ってくれません。


ビジネスは常に「今」この瞬間に行われるものであり、過去や未来の話ではありません。

好きなことをビジネスにした方が良い理由はここにもあります。

誰がいつどれだけあなたの商品を買ってくれるかは、あなたにはわかりません。

売上はコントロールができないのです。

ですから、自分以外を相手にするビジネスはとても苦しいものになります。

あなたの「好き」を商品にしていれば、お客さんの要望を満たすことは簡単です。あなたが満足しているかどうかだけを気にしていればいいからです。

あなたが好きではないものを売ってしまうと、その商品を買ってくれるお客さんはあなたではなくなります。


人は、自分以外のことをどれだけ想像してもわかりません。

超能力者でもない限り、人の気持ちを読んだり、未来を見通したりすることなどできません。

どうしたら満足させられるのかわからないお客さんが集まってしまったら、あなたが困るのです。

だから、あなたは自分の「好き」以外を売ってはいけないのです。

あなたの元に来てくれるお客さんはあなただけ。

そんなビジネスなら、きっとこれからビジネスをはじめるあなたにも怖くないはずです。


商品は、いつも完璧に「好き」にしておくことが大切です。

もちろん、疲れたときは休みましょう。

ビジネスよりも子育てを優先したいときは、そうしたら良いでしょう。

しかし、あなたの基準をいつも100にしておくことで、100でなくなった瞬間にその変化に気づくことができます。

いつも6割くらいの水が入っているグラスに7割の水が入ったとしても、ほとんどの人は気づきません。

しかし、いつも10割の水で満たされたグラスから少しでも水が減ったなら、さすがに鈍感な人でも気づきます。

この、気づけることが重要なのです。

そのために、あなたはあなたの100を知る必要があります。

常に全力を出し続けなさいということではありません。

そんなことは不可能です。

少数民族の村やジャングルに暮らしていない私たちは、想像している以上に観察力が鈍くなっています。

自分の体感にすら気づけず、本当はとっくに体は悲鳴を上げているのに走り続けます。

本当はとっくに終わった関係なのに、縁を切ることができません。

「今」この瞬間を観察し続けることは難しいかもしれません。

しかし、100を知っていれば、少しでもメモリが減った瞬間にそれを違和感としてキャッチすることができます。

キャッチしたなら、次の手を考えることができます。

自分の状態に意識を向けることも、「今」いる環境に疑問を持つこともできます。

観察力が育っていないうちほど、グラスの水をいっぱいにしておく方が楽にビジネスができるのです。

お金持ちをはじめた人は120%を出してきた

では、どうしたら自分の100を知ることができるのかというと、まずは120%を出すことです。

よく、仕事とプライベートをバランスよく過ごしたいなど、ちょうどいい塩梅《あんばい》を目指す人がいますが、最初からそれを達成することは不可能だと思ってください。

学生時代を思い出してください。

テストで80点を取るために勉強していては60点しか取れません。

100点を目指しても80点です。

それくらい、自分にとってちょうどいい塩梅は取れないものです。

毎月あと10万円あればいいなぁと思って、ビジネスをはじめる人がいたとします。しかし、あと10万円を目指して稼ごうとする人は、ちょうど10万円を稼ぐことはできません。

そんな力の匙《さじ》加減ができるのなら、とっくにお金持ちがはじまっています。


お金持ちをはじめた人は、どこかで120を出した経験がある人です。

それは、思いもよらない出来事……たとえば親の借金を返済しなければいけなくなった、離婚してシングルマザーになった、会社が倒産したなど、何かしらのピンチから脱するために真剣にならざるを得なかった経験かもしれません。

出自へのこだわりや、継承へのプレッシャーもよく聞く話です。

「楽しそうだな」「やってみたいな」で、120を出せる人はまずいません。

なぜなら、人は必要なことしかしないからです。

「必ずいる」ことにしか、120は出せないのです。


多くの人は、「どうしても欲しい」と「なんとなく欲しい」を一緒にしています。

なんとなく欲しいものは手に入りません。

そもそも、なんとなく欲しいものは、きっと誰かの良いもので、あなたにとっては不要なものです。

しかし、それらを区別しないので、なんとなく欲しいが手に入らないことに悩んでいる人がたくさんいます。

あなたが120を出せるものは、どうしても欲しいものだけです。

それがなんなのかは、あなたにしかわかりません。

だからこそ、やはりあなたの「好き」が大切なのです。

あなたが120を出せるものは、あなたの観察力でしか見つけることができません。


苦労しなければ幸せになれないというのは嘘です。

人は苦労しなくても幸せに暮らすことはできます。

しかし、「120を出さなければお金持ちがはじまらない」は、ほとんどの人にとって本当です。

苦労とお金がセットという意味ではありません。

なぜなら、多くの人が苦労と呼ぶそれは、じつはただの「不安」だからです。

この話もまた、第3章でお話しします。

あなたの人生から、苦労が消えてなくなる話です。

ビジネスで新しい世界が広がった

私が人生で初めて120を出したのは、およそ10年前でした。

私は人生に絶望していた時期がありました。

小学生のときに母が亡くなり、心に開いた穴が何年経っても塞がらなかったのです。

母が亡くなったのは私のせいではないか、もっと優しくできたのではないかと、自分を責める気持ちを消すことができませんでした。

もちろん「今」ならわかります。

小学生の子どもにできることなど何もなく、子どもだった私のせいで母が亡くなったなんてありえないことです。

しかし、当時の私にはどうしてもそう思えなかったのです。

心は弱ったまま、30歳を過ぎても痛みが消えることはありませんでした。


そんな私の転機は、やはりビジネスをはじめたことでした。

ビジネスをはじめたことで、これまでに出会えなかった人たちと出会えるようになりました。

新しい世界が広がり、これまでの自分では思いつかないような発想をし、自分を癒すということの意味も段々わかるようになっていきました。

母が亡くなったという事実も、もしかしたら自分に責任があるのではないかという不安も消えたわけではありません。

それでも、出会う人たちの存在に癒し励まされ、人生でどうしても手に入れたかったもの、「私はここにいてもいいという安心感」を30代のうちに手に入れることができました。

私の人生の前半は、傷ついた自分を癒すためにありました。

恋愛や結婚、趣味、子育てなど、一見どれも楽しんでいるように演じていましたが、心から楽しいと思ったことはありませんでした。

そのくらい、ずっと思考と感情に取り憑《つ》かれていたのです。


しかし、私は自分をあきらめませんでした。

ときにそれは努力ではなく我慢でしたが、「普通」に生きることを目指して日々自分を観察しながら生きることを続けました。

良くしようとせず、そのままの自分で生きることだけを一生懸命に続けました。

そしてある日、辿《たど》り着きたかった場所に辿り着いたとわかる象徴的な出来事が起きたのです。

それはあまりにプライベートなことなので誰かに話すことはしませんが、私は運良く、初めての120で人生の目的を達成しました。

「普通」に生きられるようになったのです。

人生の目的を達成した「今」は、まるで本のあとがきを生きているような感覚です。

では、もう何も頑張らず、のんびりと暮らしているのかといえばそうではありません。

その後も何度か120を出す体験をしています。

一度できた120は、何度でもできるのです。

まさに「今」、この本の原稿を書く私は120です。

私は作家ではないので、本の原稿を書くことが本当に大変です。

才能の無さを嘆きながら、伝えたいことが伝わるように必死で文章を書いています。「今」は、夜中の1時です。明日から海外出張ですが、そんなことはかまっていられません。


人生に起こるすべては、人が運んできてくれます。

だから「今」私は、出会うべく人に出会うためにビジネスをしています。

これからお金持ちをはじめるあなたとの出会いはもちろん、「今」の私には想像もできないような出会いが必ずあるからです。

そのためなら120を出したいと思えるくらい、人に救われて生きてきました。

これまでに出会ってくれた人、「今」出会ってくれたあなたに感謝しています。

一生懸命を超えた先にある場所

ずっと120％で生きていかなければならないわけではありません。

気力も体力も必要です。120を出すのは一定期間だけで十分です。

ではどんな状態が120なのかというと、これ以上は気が変になってしまう、
これ以上頑張ったら体が壊れてしまう、そこまでやって120です。

一生懸命を超えるのです。

頑張っても、頑張っても結果が出ない時間が続きます。

どこにも辿り着けないのではないかと、何度も不安になります。

それでも、「今」に食らいついて頑張るのです。

ここまでやったらもうゴールが見えるかな、と思った直前ですべてがひっくり返っても、それでも負けずに最初からもう一度やり直します。

大丈夫です。その苦痛があなたを「今」に戻してくれます。

過去や未来に行ったきりにすることはありません。

安心して泣いてもらってかまいません。


そして、何度もやってくる壁に意地でもよじ登り、ついには鼻の奥から血の匂いがしてくるまで頑張ったとき、やっと自分の100％がわかるのです。

100は、120を出す以前のあなたが想像していたものとはまったく違います。なんだ、この程度かと笑いが込み上げてくる程度です。

でも、それがあなたの100なのです。

それが、あなたの精一杯で、それ以上はどんなに頑張ってもありません。

それを知ることが大切なのです。

その程度の自分を知ることが怖くて、120を出さない人がたくさんいます。

しかし、未来の自分に可能性を押し付けて、「今」の自分に悩むような人生はちっとも楽しくないはずです。

120を出したあとに知る100は、シンプルでなんの嘘も言い訳もない、堂々としたあなたです。

その自分に出会えると、もうどんなに頑張っても、以前の自分には戻れません。

あんなに悩んでいたことが、嘘のように消えてなくなります。

エネルギーは、一度動き出したら止まるところまで止まりません。

あなたにあなたを止めることはできません。

120を出したあと、100にするのは簡単です。

120を出す過程で100を通り過ぎているので、減らすことは誰にでもできます。

次第に、売上を増やしたり減らしたりすることさえもできるようになります。

ここまでを聞いて、そんな鼻の奥から血の匂いがするまでは頑張りたくないなぁと思ったあなたは、「今」は頑張る必要がない人です。

その恵まれた環境に感謝をして、楽しく生きていけば良いと思います。

その人生を味わいましょう。

しかし、もしあなたがかつての私のように、十分にお金があっても満たされない思いで生きているのならば、一度思いっきり頑張ってみてほしいのです。

満たされない思いの正体は、信頼の不足です。

生きていることがそのままビジネスになる体験は、あなたに自分に対する信頼をもたらします。

もうこのままでいいのだと、自分を大きく見せる必要も、小さく見せる必要もなくなります。堂々と生きていけるようになります。

信頼は、本を読んだり、友達と遊んだり、楽しい時間を過ごしているだけでは手に入りません。

自分に対する信頼は、自分で体験を積み重ねることでしか生まれません。

一度生まれた信頼は、この先のあなたに何があっても大丈夫だと強い安心をもたらしてくれます。

そうして堂々としていると、さらに世界を正しく観察することができるようになるのです。

ビジネスに必要なのはふたつだけです。
ひとつは商品が完璧であること。
もうひとつは売り方が完璧であること。
何を商品にするか、形が見えてきましたか。
まだわからないという人は、そのまま話を聞いていてください。
本書を一通り読めば、何か思いつくことがあるかもしれません。
わからないものをわかろうとしない。
種を腐らせない。
あなたの「わからない」は、そっとそばに置いておきましょう。

売り方の極意は
ただ「あなたを喜ばせる」ことだけ

見た瞬間、
あなたが心をつかまれるかどうか

次は売り方です。売り方も１００でなければいけません。

もちろん、「今」のあなたが１００％好きな売り方であるという意味です。

「今」、私たちが何かものを買うとき、その多くがインターネット経由であると思います。実店舗で買い物をするときも、一旦お店のホームページを見てから店頭に行く人が多いでしょう。

つまり、インターネット上に自分のビジネスを正しく見せられているかどうかが、売り方を100にする最初の一歩です。

さらに、ほとんどの人はスマホから商品を検索します。

私の会社のホームページは、およそ8割の人がスマホから、残りの2割の人がパソコンから見ています。

これから商品を販売するあなたが一番大切にしなければいけないのは、あなたの会社のホームページを格好よくしておくことです。

スマホの画面から受ける印象をあなたらしくしておくことが、売り方を100にするということです。

ページ上の動線や、マーケティングを考えるのはどちらでもかまいません。

それがあなたのしたいことならば、あなたのお客さんもそれを好むでしょう。

しかし、一番に気をつけていなければならないのは、スマホの画面を見た瞬間に、格好いい！　素敵！　と思うかどうかです。

よく見ると商品の良さがわかる、ではなく、パッと見た瞬間に心をつかまれるかどうかです。もちろん、あなたがですよ。

ビジネスは恋愛と同じです。難しくありません。

あなたは初対面の人の何を見ていますか。もちろん外見ですね。

ビジネスではそれが、ホームページやSNSにあたります。

人の第一印象は0・5秒で決まります。具体的には、髪と服装と声です。

顔の造作や体型はそれほど関係ありません。

そして一度決まった第一印象を覆すのには、最低2時間かかるといわれています。第一印象を変えるのは、なかなか難しいのです。

第一印象が良くなければ、恋愛は先に進みません。

印象を良くすることは、自分を正しく伝えるための努力です。

まず興味を持ってもらわなければ、ビジネスははじまりません。

スマホの画面から格好悪い印象が伝わってしまうと、もうそこから連絡先の交換とはならないのです。

出会って早々に手はつなぎませんね。

そんなことをされたら、二度とその相手と会うことはないでしょう。

たとえばカフェで出会った相手（あなたの商品を見てくれる相手）だとします。

なんだか素敵な人がいるな、あなたは視界の端にその人をとらえました（あなたのSNSを見ています）。

次の日、その素敵な人がニコッと微笑《ほほえ》んでくれました。

あなたは驚きながらも、うれしく思います。

相手があなたの世界の登場人物になった瞬間です（日々の投稿が、相手の心に響いています）。


数日後、またカフェでその人と一緒になりました。

お互いの存在を認識しているあなたと相手は、そこで初めて挨拶《あいさつ》をしました。

「こんにちは」

ここでようやく言葉を交わすのです（相手のSNSをフォローし、いいねをするようになります）。

一度言葉を交わしてしまえば、その後は会うたびに挨拶をするでしょう。

挨拶だけでなく、段々ちょっとした会話もするようになり、お互いの使う言葉や態度から人となりを知るようになります（日々の投稿を読んでくれるようになります。いいねをして、時にメッセージをくれるようになります）。

そして連絡先の交換です（あなたの商品を購入し、データベースにメールアドレスが登録されました）。

連絡を取り合い、気が合うようであれば食事や遊びに行くでしょう。デートを重ね、お互いが好意を持っていることがわかれば、晴れてお付き合いがはじまります（あなたが本当に買ってほしいと思っている商品を買ってくれるまでの関係になりました）。

あなたが「あなたである」ことがあなたの良さ

どうにかして買わせようと、心理的効果を使った戦略など、人は簡単に見抜きます。

商品は、無理矢理に買ってもらうものではありません。

そんなことをしていては、信頼関係は築けませんし、お客さんとは長い付き合いになる前提でいなければ、あなたのビジネスも短期的に終わってしまいます。

新規のお客さんを取り込もうと頑張る人がいますが、そんなところに労力をかけていてはあなたのビジネスはうまくいきません。

あなたが気にしていなければならないのは、常に「今」目の前にいるあなた（お客さん）です。


他の異性によそ見をしているような人と付き合いたくはありませんね。

あなたはどんな恋愛が好みでしょう。

どんなふうに扱われたら、大切にされていると感じるでしょうか。

どんなふうに声をかけられたら、うれしい気持ちになるでしょうか。


人が何を見てあなたのことを好きになるかというと、あなたらしさです。

あなたがあなたであることが、あなたの良さです。

もしあなたが他の誰かの真似《まね》をして、あなたではなくなってしまったら、あなたと一緒に過ごす意味はありません。他の誰かでいいのです。

お金持ちになったことがない人が、お金持ちでいる自分をイメージしようとしてもまったく意味がありません。

お金持ちではない人たちが想像したお金持ちのイメージをなぞり、間違ったお金持ちのふりをして過ごしていては、そこにその人らしさはありません。

お客さんも、その人に飽きたらまた次のお金持ちのふりをしている人に関心が移ります。

これではビジネスといえません。

なぜならビジネスは、あなたの人生そのものだからです。

あなたはけっして誰かを演じてはいけないのです。

デートをする相手があなたに気に入られようとして、必死にあなたに意見を合わせているとします。

そのデートは、いったいなんのための時間なのでしょう。

ふたりの関係を楽しむために大切な時間を過ごしていたはずなのに、本当はあなたの一人芝居だったわけです。

その時間を使って築き上げたと思っていた関係は、実際は存在しませんでした。

それがどれほど虚《むな》しくて意味のないことか、想像したらわかるはずです。

データを見て、相場を考えて行うビジネスは、あなたらしさを薄める行為です。

あなたが気にしていなければならないのは、いつでもあなたです。

わからないものはわからないと言えばいいだけです。

好みでないものは手を出さなければいいのです。

なぜ、売れるホームページではなく、あなたらしいホームページを作るのか

自分らしくあることを、怖いと思う人もいるかもしれません。

しかし、商品はあなたそのものですから、自分らしさを見せなければビジネスははじまりません。

怖いからといって偽りのあなたをビジネスにしてしまうと、我慢が生まれます。

いいですか。お金はあなたです。

ビジネスはあなたの人生そのものです。

あなたがあなたのことを心から良いと思っていない限り、あなたはお金とビジネスに翻弄され続ける人生です。

堂々とこの人生を生きていきたいのなら、そろそろ自分の人生をあきらめましょう。


「今」のあなたにはそれしかありません。

たったそれだけが、あなたが人生をかけてつかんできたすべてです。

もっと多くのものをつかめると思っていましたね。

もっと素敵なものが手に入ると期待していました。でも、それだけでした。

しかし、それで精一杯だったのです。

あのときも、あのときも、あれ以外の選択はあなたにはありませんでした。

あなたは必死でした。よく頑張りました。

そんなあなたのこれまでを、なかったものにしてはいけないのです。

私は頑張った。これ以上はなかった。

そうして、「今」をあきらめられたとき、あなたのビジネスがはじまり、お金持ちがはじまるのです。

あなた以外に正しくあなたを伝えられる人はいません。

自分自身を注意深く観察し、自分がわかる言葉だけであなたの商品を説明してください。

それは、ホームページに載せるテキストの色、フォント、ポイントからはじまり、どんな素材を使うのか、何をそこに書いていくのか、そのすべてを自分で決めていくということです。

お金を出せばプロが作ってくれますが、決めるのはあなたです。

売れるホームページを作るのではありません。

あなたらしいホームページが、あなたに売れるホームページです。

ビジネスは待てた人だけが成功する

時間はあなたを助けてくれる

ビジネスをする上で大切なことは、商品を100にすること、売り方を100にすることでした。このふたつ以外は必要ありません。

もしあなたが、これ以外の何かをしたくなったとき、それは意識が過去や未来に向いているときです。

目を閉じて、ゆっくりと深呼吸をしましょう。

スマホもパソコンも閉じて、美味しいお茶をゆっくりと飲んでください。

そのときの所作はいつも以上に丁寧に。

たったそれだけのことでも、意識が「今」に帰ってきます。


商品を100にするのは案外簡単です。

自分がビジネスにしたいと思うくらい「好き」なものなので、たいていの人は頑張れます。

しかし、いくら商品が良くても売り方が伴っていないと売上にはつながりません。もしあなたがすでにビジネスをはじめていて、商品は100なのに全然売れないと感じているのなら、それは売り方が60だからです。

人脈がないからでも、ブランディングができていないからでもありません。

売り方を100にするには時間がかかります。

どんなに良い商品であっても、人に知られなければないものと同じです。

だからこそ、企業はたくさんのお金をかけて広告を出し、CMを打つのです。

しかし、これからビジネスをはじめるあなたにそれは現実的ではありません。

ではどうするのかというと、時間を使うのです。

それは言い換えると、「今」を積み重ねていくということです。

人は本当に待つことが苦手です。

中途半端な状態が苦手で、早く白黒つけたくなります。

ビジネスもダイエットも何もかも、早く結果を出すために、無理矢理現実をコントロールして結果を創作します。

特に最近は、効率の良さや合理的であることに価値を見出す人が多くいます。

しかし、そんな時代だからこそ言いたいのです。

ビジネスは、待てた人だけが成功します。

結果が出ないからといって、簡単に自分には向いていないと判断してはいけません。

時間は、あなたの味方です。

なぜなら、「今」の積み重ねこそが時間だからです。

あなたが「今」を生きている限り、必ず時間はあなたを助けてくれます。

あなたの「今」は次の瞬間からどんどん過去になっていきますが、消えてなくなるわけではありません。

インターネット上にあなたが作った「今」の100がたくさん残っていきます。

それらは、あなたがその場からいなくなっても、ずっとあなたのことを誰かに正しく伝え続けてくれます。

あなたが作った「今」ですから、間違ったことは言いません。

あなた自身とあなたの商品を、あなたがいないところで、これから出会うあなた(お客さん)に向けて伝え続けてくれるのです。


広告を出すことや人を雇うことは、ビジネスの初めからできることではありません。

しかし、自分だけはどれだけでも使うことができます。

「今」のあなたにできることは目の前のひとつしかありませんが、「今」がたくさん集まれば、あなただけでもチームひとつ分の成果が出せるのです。

だから、いつも100でなければいけないのです。
60を残してしまっては、あなた以外がお客さんになってしまいます。

あなたという存在は、世界にたったひとりの特別な存在ではない

売り方を100にすることが難しいもうひとつの理由は、羞恥心です。
この程度の自分がこんなものを売って良いのだろうか。
誰かに批判されるのではないか。
何度もSNSにシェアしては嫌がられるのではないか。
そうして、せっかく商品があっても売ろうとしないのです。
売りたいと言いながら、売らないための言い訳をします。
間違えないでください。
その程度のあなただから、売れる商品があります。
あなたの商品を買う人は、あなただから買いたいのです。

私のビジネススクールには、年商10億円の人は来ますが、１００億円の人は来ません。私から話を聞く必要がないからです。

年商１００億円の人が私にビジネスを教わらないのと同じく、これからビジネスをはじめるあなたは、経営の神様からビジネスを教わらないでしょう。教わったとしても、何を言っているのかわからないはずです。

経営の神様の話は、きっと私もわかりませんし興味がありません。

私のところに来てくださる人も、同じ気持ちだと思います。

なぜなら、あなたは私だからです。

あなたにも、あなたを必要としているお客さんが必ずいます。

まさかあなたという存在は、世界にたったひとりの特別な存在だと思っていませんか。あなたは世界中にたくさんいます。

あなたが人生を通して体験することは、あなた以外の誰かも必ず体験しています。

あなたはその人たちと出会うだけです。

それがビジネスです。


誰かに批判されるのではないかと思うのは、あなたが誰かのことを批判しているからです。


あんなことをして恥ずかしいわ。

必死になるなんて、売れていないのかしら。

SNSをする人ってちょっと信用できない気がするのよね。

あんなことができない自分を、売れなくてあきらめた自分を、SNSで発信しても誰にも見てもらえない自分を、あなたが馬鹿にしているのです。

人は自分に一生懸命になっていると、他人のことを批判する気など起きません。

自分が頑張っていると、誰かの頑張りもわかるのです。

自分のことで必死になっていると、他人のことを見る時間もありません。

もしあなたが誰かを批判したくなる気持ちがあるのなら、そんな小心者で性格の悪い自分を認めましょう。

認めた上で、自分が本当はただ不安なだけであったことや、過去と未来ばかりを見ていたことを自覚して、「今」に帰ってきてください。

何度も宣伝するのはしつこいと思われないか心配ですか

何度も宣伝できないのは、自分のこれまでを信じられないからです。
あなたの商品は、あなたの人生を凝縮したものです。
自分自身を素晴らしいと信じられないと、人に紹介することなどできません。
自分のことを信頼できるようになるには、行動を積み上げるしかありません。
自分でやって初めて自分のことが信じられるようになります。
他人にオールを預けているうちは、船がどちらに進むかわからないのです。
そんな状況で自分を信じるなど、誰にもできません。

何度も宣伝することは、しつこいと思われるのではないかと思う人がいるかもしれません。

しかし、毎日あなたの商品のことを考えているのはあなただけです。

あなた以外の人は、あなたの商品のことを気にして生きていません。

あなたのＳＮＳを毎日チェックしている人がいたのなら、それは相当なファンです。その人はあなた自身で味方ですから、大切にしてください。

しかし、ほとんどの人はいつあなたのＳＮＳを見るかわかりません。

それならば、素晴らしい商品は何度も宣伝しないといけないと思いませんか。

何度も宣伝しないと、それを欲しかった人が見逃してしまいます。

何度も伝えるのは、優しさなのです。

こんなにいい商品があります、見逃していませんか。

そう何度でも伝えましょう。

期間限定発売にしたら人がたくさん集まるのではないかなんて、そんな小手先のことを考えている暇があるのなら、もっと必死に売りましょう。

面と向かって、買ってくださいと言いましょう。

買ってほしいのはあなたです。

商品が100であること、売り方が100であること。

この両輪が同じだけ回るようになったときが、あなたのビジネスが軌道に乗るときです。

それまでは、どちらの手もゆるめてはいけません。

常にこのふたつだけを見ていてください。それ以外は不要です。

うまくいっていたビジネスが最近うまくいかなくなっているなと感じたときは、この両輪のどちらかが回っていないだけです。

ビジネスはとてもシンプルなのです。

そして、ビジネスが軌道に乗ったなら、上を見るのをやめましょう。

もっともっと売上を伸ばそうとするのではなく、辿り着きたかったその状態をしっかりと味わってください。

あなたが知りたかったのは、そこから見た風景であったはずです。

それがいよいよ見られたのです。

しっかりと味わいましょう。

味わわないから、いつまで経っても人生もビジネスも満足しないのです。

成長が止まるのではないか、また稼げなくなるのではないかと恐れる必要はありません。

その満足を存分に味わっていると、ちゃんとまた違和感があなたにやってきます。違和感は、満足を適当に味わっていてはわかりません。


自覚的に、丁寧に味わっているからこそ、変化したときに気がつけるのです。

そこまで辿り着いたあなたの観察力を信じてください。

あなたの観察力が違和感を覚えたら、そのときは次の段階に進みましょう。

手に入れたそれを捨て、次へ行くのです。

人生もビジネスも、ずっと頑張り続ける必要はありません。

次に行くときにだけ、120の力を出せば良いのです。

あとの時間は、良い気分を味わってください。

人生は、幸せを味わうためにあります。

会計、税制、フローを把握しておく

お金はあなた自身、ローンは他人

お金はあなた自身ですから、お金に適当な人は自分にも適当です。

ビジネスをしたいと考えているのなら、お金のルールをきちんと知らなければいけません。

あなたがビジネスをする国の税制や、会社の会計を知らなければいけないということです。

専業主婦だった頃、私は税理士試験の専門学校で、簿記論と財務諸表論を勉強しました。税理士になるつもりはありませんでしたが、このふたつを知らずして自分の資産は管理できないと思ったからです。

あなたは「資産」と聞いて何を思い浮かべますか。

お金や土地などでしょうか。じつは、それでは理解が不十分です。

「資産が多い」というとお金持ちのように聞こえるかもしれませんが、実際は違います。

これは個人のお金で考えるとわかりやすいでしょう。

たとえば、高級腕時計をして、高級バッグを持ち、高級マンションに暮らしている人がいるとします。

しかし、それらの高級品はどれもローン（借金）で買ったものです。

お金は自分自身ですから、ローンは他人です。

自分の領分から出ています。

たとえば、合計が3億円だったとしましょう。

ローンは2・5億円です。

つまり、この人が持っている自分自身のお金は5000万円ということになります。

普通の腕時計をして、普通のバッグを持ち、普通のマンションに住んでいる人がいるとします。

どれも自分の稼いだお金で買ったものです。

自分の領分の中で暮らしています。

その暮らしにかかっているお金が、合計で8000万円だったとしましょう。

ローンはありません。ということは、この人が持っている自分自身のお金は8000万円です。

この8000万円を、純資産といいます。

純資産は、資産から負債を引いた純粋な資産という意味です。

資産、つまり見た目だけを見て、この人はお金持ちだと思うことは間違いです。

派手な暮らしをしていても、実際の暮らしは火の車なんてことはよくある話です。本当の経済力は、純資産で見ます。

大昔から世界中である典型的な詐欺に、まるでお金持ちかのように見せて、そうではない人たちから勉強代を巻き上げる手法があります。

そんなことは簡単に気づかれそうなものですが、その勉強代を支払うのはお金持ちではない人たちなので、いつまで経っても気づかれることはありません。

もし、自分の年収、資産、年商を公表してビジネスをしている人がいたら、ほぼ間違いなく詐欺師だと思った方が良いでしょう。

年商とは、1年間にどれだけの商品を販売したかということです。

1億円で仕入れたものを1億円で売れれば、年商は1億円です。

年収、資産、年商だけでは、その人がお金持ちかどうか、ビジネスがうまくいっているかどうかはわからないのです。

お金持ちの家庭では、夫の年収を妻が知らないなんてことはよくある話です。

銀行にも本当の資産額は伝えませんし、何かを契約する際の申込書に年収を書く欄があっても、実際より少なく書く人がほとんどです。

何を言うかより、何を言わないか。

お金持ちはそのことをよくわかっています。

会計を知らずして人生は豊かにならない

あなたがビジネスをする場合も、自分の会社の会計はしっかり把握していなければいけません。

なぜなら、その記録があなた自身の記録でもあるからです。

経理は人に任せて、会計は税理士に丸投げなんて人は要注意です。

あなたのビジネスは、あなたが生きていることそのものです。

それなのに、会計や税制がわからないということは、自分から人生の迷路に飛び込むようなものです。

私の周りを見ていても、年商1億円くらいまではなんとなくの感覚頼りでも経営ができています。

しかし、人が記憶しておける量は決まっていますから、どこかのタイミングで感覚を数字に置き換えていかないとその先へ行くことはできません。

あなたの領分が5億、10億と大きかった場合も、税制や会計を知らないせいで領分が広がらないかもしれないのです。

そんなもったいないことはないと思いませんか。


所有するということは、管理までを含みます。

あなたのビジネスは、商品やサービスだけで成り立つわけではありません。販売するための仕組み作り、宣伝するための準備、そして会計も管理に含まれます。

ビジネスはお客さんから見える部分より、見えない部分の方が大きいのです。

そこを蔑《ないがし》ろにしていては、ビジネスは成長しません。

専門的なことは税理士に任せるとしても、大枠は知っておきましょう。

簿記がわかること、財務諸表が読めること、税制を理解することは、自分でビジネスがしたい人の必修科目です。

あなたの記憶力、思考力を数字に置き換えるだけです。

学生時代の数学とは違いますから、安心してください。

税制や会計を把握すると、お金の動きが見えるようになります。


あなたとお金の関係は長期的なものです。

一瞬を切り取って、多い少ないと判断するのではなく、もっと中長期的な視点を持たなければいけません。

たとえば、お金の動きがわかるようになると、稼ぐことと同じくらい、守ることも大切だということがわかるようになります。

なぜなら、1億円を稼ぐことと1億円を使わないことは同じだからです。

自分でビジネスをはじめてたくさんお金が稼げるようになることは、素晴らしいことです。

これまでしたいと思っていた贅沢《ぜいたく》もしたら良いと思います。

ファーストクラスに乗ってみたかったのなら、ぜひ乗ってください。

しかし、使えるお金が増えたからといって贅沢ばかりをしていては、使うお金の量が増えただけで本当の経済力は変わっていません。

いくらお金を稼いでも、それではお金持ちとはいえないのです。

会計を知って売上が倍増したある医療法人

お金の動きがわかるようになると自分が信頼できるようになるので、より大きな金額を稼げるようになります。

かつて医療法人のコンサルをしていたとき、「患者さんの予約数をセーブしてこれ以上売上を上げない方がいいのではないか」と相談を受けました。

日本の税制では利益が大きいほど税率が高くなるので、売上をコントロールして納める税金を少なくしたらどうかということです。

これを聞いたとき、この人はなんて自分のことを小さく見積もっているのだろうと思わず笑ってしまいました。

扶養内でパートをしていた方がお得ですよね、と言っているのと同じです。

医療法人も、本当は税金を安くしたかったわけではないと思うのです。

地域で評判のクリニックです。

患者さんのためにできることはないかと日夜頑張っているのを知っています。

しかし、お金のことを知る機会のないままクリニックの経営をしていたので、周囲から聞こえてくる断片的な情報に惑わされてしまったのです。


一見お得に聞こえる情報も、あなたにとってお得かどうかはわかりません。

いえ、ほとんどの場合は損だと思っていいと思います。

その情報自体が損の場合もあれば、その情報に振り回される時間が損の場合もあります。

あなたの領分と他人の領分は違います。

もし何かの勉強会で学ぶ機会があったとしても、そこに集まるのは講師も含め、皆それぞれの領分で生きる人たちです。

ただ勉強会のテーマを学びたいという一点のみが同じであるだけで、生きてきた道も「今」の状況も言葉の定義も何もかも違います。

インターネットやSNSから受け取る情報も、業界のネットワークから得る情報も、どれも間違っているわけではありません。

しかし、それらはいつも断片的で、お金とビジネスの全体を知らないと使えない情報ばかりです。


結局、この年の医療法人の売上は予定の1・6倍、さらに翌年には2倍になりました。


あなたも、もっとお金に興味を持ちましょう。

お金はあなた自身です。

あなたを知らなければ、あなたが辿り着きたい場所には辿り着けないのです。


さぁ、やっとここまで話し終えました。

ここから先はグッと視座を高くして、普段あなたに見えている世界とは違う、目に見えない世界の話をしていきます。

あなたの体のほとんどが不随意に動いているように、この世のほとんどは人間の意思とは関係なく動き続けています。

そうした舞台裏を知ろうということです。
お金持ちは見えない世界を見ています。
自分の力だけでお金持ちであり続けることはできないと知っています。
この世には仕組みがあるのです。
では、一息ついた人から第3章に進みましょう。

第3章

お金持ちは見えない世界を見ている

この世の成り立ちから見るお金持ちの生き方

ハーバード大学教授が提唱した、人と植物の関係とは

「パリに行こう」

そうは思っても、専業主婦だった私に十分なお金があったわけではありません。

自宅にあったあらゆるものを売り、子どもとふたりで渡仏できるだけの資金を準備しました。

パリにまで花の勉強に行くぐらいなのだから、元から花が好きだったのだろうと思われるかもしれませんが、じつはそうではありません。

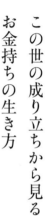

家に花を飾るのは、誰かにプレゼントしてもらったときだけ。

水換えも満足にしないので、すぐに枯らしてしまうような有様でした。

そんな私がなぜ突然花に興味を持ったのか、当時はその美しさにひかれたのだろうと思っていました。そうではなかったと知ったのは、もっとあとになってからのことです。


人間には元々、植物などの自然とつながりたいという欲求が備わっています。

ハーバード大学の教授（当時）が提唱した「人は生まれつき自然や動植物との結びつきを好む」というバイオフィリア仮説です。

バイオは命、フィリアは愛という意味です。

自然の中で過ごすとリラックスして気分が良くなることは、あなたも体験していることだと思います。

人が家に花を飾ったり、家庭菜園をしたりするのも、人間の根源的な欲求だということです。

過去の私が離婚や手術といった強いストレス下にあるとき、目に入ってきた花の写真に強烈にひかれたことは、「今」思えば自然なことでした。


およそ46億年前、地球は誕生しました。

隕石《いんせき》の衝突により水蒸気が発生し、段々地表の温度が下がりはじめると、今度は何万年もやまない雨が降り続きました。

そうして地球に海と大地ができたあと、地球上に初めて生命が誕生します。

それが、植物でした。はじめ、植物は海中に生まれました。

次第に光合成をするために地表に進出し、大気中の酸素が増え、生命が誕生する環境が創られていきます。

最初の植物の誕生から数十億年後、「花」が誕生します。

花が誕生したということは、種子性の植物が現れたということです。

種子は風や水によって運ばれ、一気に地球全体に広がっていきます。

花の誕生が、生物の進化を後押ししました。

植物は生命の創造主でした。

自然と切り離された街で生活をしていると息が詰まる思いをしますが、それにはきちんと理由がありました。

現在も、地球上に生息する生命のうち95%以上は植物です。

人間や動物、菌類を含めても5%にもなりません。

人は、植物と共にしか生きられないのです。


自然を守ろうなんて人間はなんと愚かなのだろうと思ったのは、数字から見ても正しいことでした。

たった5%の私たちが、95%をどうにかしようだなんて、できることではなかったのです。小さな私たちが大きな植物に守られていることを、人間はもっと自覚しなければならないのです。

私たちがすべきことは、自然環境を守ることではなく共生です。

共に生きる道を選択しなければ、人類が地球上で生き続けることは不可能なのです。

共生を選択することができたなら、人は5%と95%を合わせた100%の豊かさを味わって生きることができるようになります。

自分のことだけを考えていると
人生に迷い、孤独になる

その豊かさの中で一番私たちにわかりやすいのがお金です。

なぜなら、お金はあなた自身だからです。

自分以外のことはわかりませんが、自分のことならば体がある限り、人は知ることができます。

花や植物とあなたの人生に、なんの関係があるのだろうと思われるかもしれません。しかし、もっと視座を高くして世界を見てほしいのです。

あなたが人生に迷ったり、孤独を感じたりするとき、それはいつも自分のことだけを考えているときです。

自分本位という意味ではなく、目が小さくなっているという意味です。

あなたは、あなたの力だけで人生を生きる必要はありません。

自分ひとりで頑張らないといけないと思っているうちは、人生は難しいままです。もっと目を大きく見開いてください。

「花とお金」

一見関係なさそうなこれらは、非常に密接した関係にあります。

そして、「花とお金」、どちらの話をしても同じところに辿《たど》り着くことをこれからあなたに知っていただきたいと思います。

植物主体のこの世界に、人間がコントロールできるものは何ひとつありません。人体のほとんどが不随意に動くのと同じように、この世も不随意に動いています。あなたの意思で動いているように見えるものも、じつはあなたの意思とは関係なく常に動いているのです。

ではいったい何が動いているのでしょう。

答えは、エネルギーです。

「あの人に会うとエネルギーをもらえる」

これは、元気をもらえるという比喩ですね。

そのエネルギーではありません。

「エネルギーの良い場所」

これは、雰囲気が良いという意味ですね。

そのエネルギーでもありません。

運動エネルギーや電気エネルギーとも違います。

この世はすべてエネルギーでできています。

これは比喩ではなく言葉通りの意味で、「世界を構成する最小単位がエネルギーである」ということです。

私たち人間も花も植物も、猫や犬といった動物も、宇宙も天体も、さらには思考や感情も何もかも、思いつく限りのすべてがエネルギーでできています。

この世のすべては、同じ素材でできているということです。

目に見える姿形が違うだけで、
すべて同じエネルギーでできている

宇宙の起源はビッグバンであるといわれています。

簡単にいうと、「すべてが一塊になったもの」が爆発して広がったのが宇宙だということです。

宇宙空間は今なお拡大を続けていますが、宇宙を構成する物質全体の量が増えているわけではありません。

宇宙は薄まりながら広がり続けています。

なぜ、ひとつであったものが広がることで別のものになるのかというと、「エネルギーの状態が変わる」からです。

エネルギーの状態が変われば、目に見える姿形も変わります。


花は常に花です。

しかし、目に見える姿形は刻々と変わります。

種子から芽が出て茎が伸びていきます。

つぼみがついて、花が咲き、段々花びらの色が薄くなったと思うとハラハラと散る。やがて花は枯れ、また種子に戻っていきます。

しかし、どこを切り取っても花という本質は変わりません。

私たち人間も同じです。

赤ちゃんから幼児になり、子どもを経て大人になります。

子どもの頃のあなたも、「今」のあなたも、老人になったときのあなたも、どこを切り取ってもあなたです。

時の経過とともに姿形は変わりますが、あなたという存在は増えもせず減りもせず、あなたであるという本質は変わりません。

宇宙が薄まりながら拡大を続けているように、あなたというエネルギー全体の総量は変わらないのです。


すべて同じエネルギーでできていて、目に見える姿形が違うだけなら、あなたのすべての側面もそれぞれ別のものではありません。

お金、ビジネス、恋愛、結婚、人間関係、健康。どれも同じです。

一つひとつの側面を別々のものと考えている限り、人生は難しいものになります。

人生にはさまざまな出来事が起きます。

ひとつ問題を解決しても、また必ず目の前に別の問題が現れます。

その一つひとつを解決しようとしていては、人生はあっという間に終わってしまいます。

あなたの人生は問題を解決するためにあるのではありません。

あなたの人生は、幸せな気分で「今」手にしているものを味わうためにあるのです。


この世に存在するすべては、初めはひとつの塊でした。

その塊を「大元《おおもと》」と呼びます。

この世はすべてエネルギーでできているので、大元はエネルギーの塊です。

私たちも植物も地球も何もかも、元々は大元だったということです。

丸い球体があるとイメージしてください。それが大元だとします。

その球体の表面をよく見ると、無数の突起が広がっています。

その突起の一つひとつが、私であり、あなたであり、花で、太陽で、地球です。

今、あなたがこの本を読んでいるという出来事や、うれしい悲しいといった感情、そうした「言葉で表せるものすべて」が突起だとイメージしてください。

突起である私たちは、足元で大元にくっついています。

エネルギーの状態が変わるだけなので、大元から切り離されることはありません。大元になったり、突起になったりを繰り返しているのです。

人間は、地球上の生命体の5％未満です。

その人間だけでも80億人を超えています。

80億の何十倍もの突起が、球体の表面にはあるということです。

その中心にある大元の大きさは、もはや頭で考えても追いつかない大きさです。

そのとてつもない大きさの突起と大元全部で、この世のすべてです。

大元のエネルギーの状態が変化したので、「今」たまたまこの瞬間、私という突起になり、あなたという突起になりました。

突起は、私たちの肉体が消滅すると同時に大元に戻ります。

戻るだけなのでエネルギーは増えもせず減りもしません。

この世のルールを知った人からお金持ちがはじまる

この世のエネルギーの総量は一定で変わりません。

変わらないということは、この世は有限であるということです。

有限ならば、そこには必ずルールが存在します。

この世はすべてエネルギーでできています。

もし、無尽蔵にエネルギーが湧き出てくるのなら、そこには秩序もなく、次々に新しいものが生み出されていくでしょう。

しかし、実際、エネルギーは有限です。

増えませんし、減りません。常に総量は一定です。

右が増えれば左が減ります。上が増えれば、下が減るのです。

種と満開の花が同時に存在できないように、この世には制限があります。

ルールが存在するのです。

そのルールに則《のっと》って生きているのが、お金持ちという生き方なのです。

何にも抗《あらが》うことなく、ルールの中に身を置く。

それ以上に、人間が物質的にも精神的にも豊かに生きる方法は存在しません。

もし、何にも縛られない真の自由があったなら、人類はあっという間に滅びているでしょう。

きっと、この次の瞬間にも滅びているはずです。


代々資産を継承するようなお金持ちは、目に見えない文化としてルールも継承します。だから、お金持ちであり続けます。

すでにお金持ちをはじめた人は、人生のどこかのタイミングでそれに気づけた人です。

それは、120%を出したからかもしれませんし、こうした話を誰かに聞いたからかもしれません。

お金持ちをはじめるのも、幸せに生きるのも、無限の遥《はる》かかなた、砂漠で金の砂つぶを見つけるようなことではありません。

なぜなら、ルールはあなたを通して知ることができるからです。

あなたも私も大元も、別の存在ではありません。

人間と植物が元々は同じ起源であるように、あなたとルールも別の存在ではありません。

あなたの中にルールが存在します。

あなたは何を選んでもかまいません。

有限にあり、選択肢が決まっている人生です。

必要なものはすべて目の前に存在しますから、わざわざ探しに行く必要もありません。

ただ生きてさえいれば、あなたに必要なものはちゃんと目の前にやってきます。

何か特別な修行とか、特別な人脈とか、そうしたことは一切不要です。

目に見えない世界というと、果てしなく広く遠い世界を想像しますが、そうではありません。

それよりも、あなたの人生に必要なものを手に入れたいのなら、何か良さそうなものを探しに行かないことです。

探している間、あなたの意識は「今」から遠ざかります。

あなたはそのままそこに、「今」に居続けるだけです。


人は、よそ見をしながら必要なことに気がつけるほどの、観察力を持っていません。

よそ見をしていると、大切なものを見過ごすだけでなく、本当は必要ではないものまで欲しい気がしてくるのです。

何を選んでもいいのです。有限の中を生きるあなたは、どの道を選んでも必ず辿り着くところに辿り着きます。

苦しい道を選んでも、楽しい道を選んでも、どこを通ってもちゃんとあなたの道は同じところに辿り着きます。

それならば、安心して「今」手に持っているそれらを味わっても良いと思いませんか。

そんなことをしているうちに誰かに負けてしまうと思いますか。

味わっていたら、世間から忘れ去られてしまうと思いますか。

そうした不安の道をずっと生きていきますか。

それもあなたの選択です。


頑張って合格した大学。4年間しっかり味わいましたか。

キャンパスの隅々まで散策して、目一杯空気を吸い込みましたか。

学食の雰囲気、食事の味、友人との語らい、それらを無視して、就職のことばかり考えていませんでしたか。

婚活の末に手に入れた結婚相手。しっかり顔を見つめていますか。

あなたが欲しかった安心をくれるその手を握り、しみじみと良かったと感じる時間がありますか。

やっと小学生になったかわいい子ども。

なぜそんな怖い顔をして、学校の勉強についていけるようにするのでしょう。

今日の塾は休んで、一緒に公園でおやつを食べる時間にしませんか。

味わわないから、いつまで経《た》っても苦しいのです。

しっかり時間を使って見つめないから、それが大切だと気づけないのです。

あなたがつかんできたものを、もっと味わっても大丈夫です。味わうことなく次を求めるから、いつまで経っても問題が山積みに思えるのです。

あなたが怒っても、あなたが笑っても、子どもの成績は変わりません。

あなたがどこの大学を卒業していたとしても、どこに就職していたとしても、あなたの人生は「今」と同じです。

何を選んでも辿り着く場所が同じなのだとしたら、あなたは「今」その選択をするでしょうか。

その表情でその言葉を言うでしょうか。

選択権はあなたにあります。何を選んでも大丈夫。

さぁ、あなたは何を選びますか。

この世は目に見える世界が5%、目に見えない世界が95%

うまくいかないときは5%の中で生きている

私はこれまで、対面・オンラインを通して数万人にエネルギー哲学を伝えてきました。

エネルギー哲学とは、この世を見える世界と見えない世界の両面から紐解《ひも》く人生哲学です。

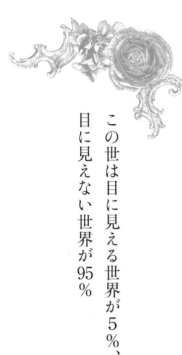

目の前にある現実を、目に見える側と見えない側から観察します。

目に見える側だけでなく目に見えない側を知ることで選択肢を増やし、人生をより簡単に解釈しようとする哲学的思想です。

この世は目に見える世界が5％、目に見えない世界が95％でできています。

表面の突起が目に見える世界、内側の球体が目に見えない世界です。

突起は、「言葉で表せるものすべて」です。

なぜなら、見えているからこそ、言葉にできるからです。

思考や感情は目に見えないと思っているかもしれませんが、そうではありません。見えるとは、じつは目で見ることだけではないのです。

「見える」とは、あなたの五感を通したものすべてをいいます。

視覚、聴覚、嗅覚、触覚、味覚、その全部を通して感じるのが「見える」です。

じつはあなたは、自覚しているよりももっと広い世界を見ているのです。


大元は言葉で表すことができない世界です。

これを無理矢理表現してしまうことは、わからないものをわかろうとするのと同じです。

世界に敵を作り、コントロールがはじまります。

しかし、言葉にすることはできなくても知ることはできます。

なぜなら、自分の体で観察するものは、自分自身のことであり、目に見える世界であり、目に見えない世界であるからです。

あなたとあなた以外は、別のものではありません。


誰しもが一生懸命に自分の人生を生きています。

しかし、頑張ってもうまくいくことばかりではありません。

うまくいかないとき、あなたは5％の世界だけを生きています。

目に見えない世界を忘れているとき、人生に苦労が多くなるのです。


私たちは、物事には原因があって結果があると教わってきました。

しかし、本当にそうでしょうか。

貧しいのは本人の努力が足りないせいでしょうか。

病気で亡くなる人は、生活習慣が悪かったのでしょうか。

結婚したいのにできない人は、性格が悪いからでしょうか。

小さな努力で豊かに暮らす人がいます。

タバコを吸っても長生きの人がいます。

結婚と性格は関係ありません。相性です。

目に見える世界はたったの5%です。

そのたった5%の世界だけに原因を求めても、答えなどわかるわけがありません。95%の世界を忘れてはいけません。

お金持ちが体感として知っていること

あなたは突然この世に生まれてきたわけではありません。

あなたが「今」生きているのは、あなたの両親がいて、そのまた両親がいたからです。

あなたのDNAは彼らから受け継いだものであり、生活習慣もまた同様です。

継承とは、物質的なことだけでなく文化も受け継ぎます。

あなたの顔が美しいのは、あなたのおかげではありませんし、あなたの頭脳が明晰《めいせき》なのもあなたの努力だけではないのです。

日本という国に暮らして、日本語で思考し、日本語でコミュニケーションを取るからこそ作り上げられる価値観、文化があります。

「わびさび」や「もったいない」という言葉は日本語にしかありません。

使う言葉によって価値観も生き方も変わるのです。

見える世界だけでも、数えきれないほどの要因が絡まりあってあなたが生まれ、さらにはその何十倍もの見えない世界が存在するのです。

どうして物事の原因が当人だけにあると思えるのでしょうか。

そんなはずはありません。

だから、わかろうとしてはいけないのです。

なぜだろうと原因を探しても意味がないのです。

個々の人間の能力には大きな差はありません。

しかし、どんな分野にも大きな結果を出す人がいます。

「お金持ち」も同じです。

何かの能力に秀でているからお金持ちなのではありません。

世界は広いことを体感として知っているのです。

正しい努力ができるのも、タイミングを見逃さないのも、すべてルールに気づいているからです。


ビジネス同様、この世を幸福に生きるためのルールもふたつだけです。

ひとつ目は、これまでお話しした植物との共生。

そして、ふたつ目は愛由来に生きること。

この両輪が回るようになったとき、あなたは不幸を感じることができなくなります。それはまったく大袈裟《おおげさ》ではありません。

幸福であることの喜びに、日々感謝が湧き出てきます。

愛由来についてお話しする前に、まずエネルギーの性質について理解する必要があります。

この世を幸福に生きるための
エネルギーの仕組み

エネルギーは、常に意思なく動き続けています。

大元から形を変え、人になり植物になり空になります。

あなたも花も同じです。

すべては同じ素材でできています。

エネルギーには意思がないので、こっちに行ったら良さそうだ、などとは考えません。ただ、動き続けます。そこに理由はありません。


川があると想像してください。

川底にはたくさんの穴が空いています。

その欠けた穴は、あなたの悩みや問題です。

川の水がエネルギーだとします。

上流から下流に向け、エネルギーは絶え間なく流れ続けます。

川底の穴に差し掛かったとき、エネルギーはその穴を避けて通ることはしません。さっと穴を埋めて通り過ぎていきます。

これがエネルギーの動きです。

どんなに大きく見える欠けも、放っておけば必ず埋まるのです。

つまり、問題は放っておけば必ず解決します。

問題があるとあなたが認識した瞬間、それは同時に解決がはじまった瞬間です。

あなたが何をしてもしなくても、結果は変わりません。

しかし、いつその欠けがなくなるかはわかりません。

川底の穴がどこにどれだけあるかは、「今」立っている地点から見渡せないからです。


しかし理屈がわかっても、問題を目の前にしてそのまま放置しておける人はあまりいません。

人生は良い方向に流れ続けると決まっているのに、なんとかして、早くその状況から解放されたいと不安に飲み込まれていきます。

人は本当に待てない生き物です。

ビジネスを成功させるのにも時間が必要だと言いましたが、それと同じです。

わかろうとしないことも同じです。

ただ、「今」あなたが手にしているものを楽しんでいればいいだけなのに、なかなか人はそれができません。

あなたの目の前には、頑張って手に入れた大切なものがたくさんあるはずです。

家族、親友、ビジネス、健康。たくさんの喜びがあるのに、欠けた穴が気になって楽しむことができないのです。

なんともったいないことでしょう。

では、なぜ人は待てないのでしょう。

なぜ不安に飲み込まれるのでしょう。

それを教えてくれるのが、ふたつ目のルール「愛由来に生きること」です。

愛由来と不安由来

「お金はあればあるだけいい」と思っている人に知ってほしいこと

衣食住が満たされ、身の危険がない時代を生きています。
良い時代を生きていると思います。
情報がありすぎて迷う、ものが多すぎて困るなんて贅沢《ぜいたく》な話です。
人は十分にあると、欲しいという欲求がなくなります。
食べすぎたあとは、料理の匂いを嗅《か》ぐのも苦痛なはずです。
私たちは満たされているとそれ以上は欲しくないのです。

それは、お金も同じです。

お金は自分自身なので、今の自分に満足していればもっと欲しいと思うことはありません。

もしあなたが、お金はあればあるだけいいと思っているのなら、それは観察力がない証拠です。


本来、体が整っていれば、満腹なのにさらに食べるなんてことはしません。

それ以上食べては、苦しくなってしまいます。

しかし、何か満たされない思いがあると、人はその感情を埋めるかのようにもっともっとと食べ物を口に運んでいきます。

苦しいという体感に体を支配させることで、感じているはずの別の体感を感じないようにしているのです。

これを不安由来の行動といいます。

じつは、私たちは1日の8割を不安と共に過ごしています。

8割と聞くととても多いように感じると思いますが、ここでいう不安は何か特別な不幸が起きたときにだけ起こる心配や悲しみのことではありません。

もっと日常的なことを意味しています。

過去と未来を行ったり来たりするから不安が増える

一杯のコーヒーを目の前にして、あなたは何を考えているでしょう。

今朝の自宅での風景。炊き立てご飯を前にしてパンを欲しがる子ども。せっかく用意したのにとがっかりするあなたは、強い口調で子どもを叱《しか》りました。はぁ、イライラせずにパンを食べさせてあげたら良かったのかなぁ。

あ、もうこんな時間。これを飲んだら書類を片付けよう。

今夜夫は何時に帰ってくるんだっけ。

夕食は何にしよう。そうだ、明後日《あさって》からの出張の準備もしなくっちゃ。


人生は「今」の連続です。

人は、過去や未来と同時に「今」を見ることはできません。
過去や未来に意識が向いているとき、人は「今」にいないのです。
「今」にいないとはつまり、あなたの人生を生きていないということです。

コーヒーがある。
良い香りがする。
深い味わいがある。
くちびるに触れるカップのカーブが心地よい。
それらは「今」目の前にあるから感じることができるものです。

私が頭ごなしに否定したから、きっと子どもは傷ついたに違いない。
本当にそうでしょうか。
炊き立てのご飯が美味《おい》しくて、じつは喜んでいたかもしれません。
これを飲んだら書類を片付けないと夕食の支度に間に合わなくなる。
子どもがお腹《なか》を空《す》かせるだろうし、きっと夫の帰宅にも間に合わなくなるわ。
本当にそうでしょうか。

子どもはおやつの食べすぎで、夕食を食べたくないと言うかもしれません。

夫はあなたより早く帰ってきて、夕食を作ってくれるかもしれません。


そんなに都合よくいかないわ。

だっていつもこうだもの。

次もきっとそうなのよ。

こうして私たちは一杯のコーヒーを味わうこともできず、過去と未来を行ったり来たりしています。

いったい、いつ自分の人生を味わうのでしょう。

その問題が解決したあとでしょうか。

その問題が解決したら、また次の問題が現れるのではないですか。

子どもにパンを食べさせてあげたら、きっとあなたはこう言うのです。

「こんなに甘やかしてもいいのかしら」


不安とは、わからないということです。

「今」目の前にあるものは見ればわかります。

たとえそれがあなたにとって好ましくないことであったとしても、わからないということはないはずです。

しかし、過去と未来はわかりません。

私たちは、昨日の出来事ですら詳細に覚えていません。

食事をサーブしてくれたレストランの男性。どんな服装をしていましたか。

わからないものをわかろうとするとき、人はこれまでに経験した出来事に紐づけて、わからないことをわかったことにしようとします。

レストランの店員さんだから、きっと黒の制服よね。

本当にそうでしょうか。

私のお気に入りのレストランの制服は、黒に近いネイビーです。

未来のことは想像してもわかりません。

「今」にいることができないと、過去こうであったから未来もこうなるはずと人は決めつけます。

「わからない」という不安を、あなたの思考が増長させるのです。

その増長した不安こそが、川底の欠けであり、さまざまな側面に起きる問題なのです。

愛由来の言動は「今」にある

不安由来の言動の反対は、愛由来の言動です。

私たちの言動は、愛由来の言動と不安由来の言動のどちらかに必ず分けられます。混ざることはありません。

不安由来の言動のわかりやすいたとえは、ダイエットや美容医療です。

美容医療はたしかに「今」の自分を否定しています。でも、美しくなることでポジティブになれるのだから、不安由来と愛由来が混ざっているのではないですかと、聞かれることがあります。

しかし、答えはNOです。

なぜ、あなたを変えないといけないのでしょう。

「今」のあなたを変えてしまっては、これまでのあなたもなかったものになってしまいます。

あなたは自分の子どもや大切な人を見て、ここを変えたらもっと幸せになれるのにと思いますか。思わないはずです。

美容医療が一般的なものになり、若く見えることにこだわる人が増えてきました。

たくさんの人が30代に見られたいと思いながら40代を過ごし、40代に見られたいと思いながら50代を過ごしています。

そうして過ごした時間は、ないものと同じです。

あなたの10年はどこに行ってしまうのでしょう。

何かを手に入れたら幸せになれるという条件づけは、あなたを不幸にします。

それがなければたちまち不幸だからです。

エネルギーは常に動き続け、変わらないものはありません。

一度手に入れたと思った美しさも、また時間が経てば姿形は変わるのです。

もっともっとと何かを欲しがること以上に、あなたの不安を駆り立てるものはありません。

不安由来の言動は、必ず不安を大きくします。

不安由来の言動が、過去や未来に意識が向いているときの言動なら、愛由来の言動は、「今」に意識が向いているときの言動です。

不安が思考や感情を使って増長するように、愛は体感を通して増大します。


子どもの頃、親から「なんで」「もっと」「早く」と言われてきた子どもは、大人になると、自分自身や自分の子どもにも同じ言葉をかけがちです。

もっと良くなるようにと、変化を急《せ》かすのです。

もしあなたが常に変化を求められて育った子どもであるなら、ちょっと想像してみてください。

「いいね」「あなたは何も変わらなくていいよ」「そのままのあなたでいてね」

こう言葉をかけられて育っていたら、あなたはどんな大人になっていたでしょう。

「今」より怠惰な人間になり、つまらない人生を送っていたと思いますか。

それとも、「今」より人生をポジティブにとらえ、より快活な人間になっていたと思いますか。答えは明白ですね。

そのままでいいという安心感が、あなたの愛を増幅させます。

愛由来の言動は、あなた自身を愛にしていくのです。


自然とのつながりを持ち、愛由来に生きることが、あなたの人生には必要です。

そうすることで、あなたのお金もビジネスも、恋愛や結婚や健康も、すべての側面がひとつになり、「今」手元にあるものに幸せを感じながら生きられるようになります。

不安をなくし、愛由来の言動だけをして生きていこうという話ではありません。

人として生きている限りそれは不可能です。

仏陀《ぶっだ》でさえ2割の不安を残したといいます。

私たち凡人は完璧を目指すのではなく、「今」より少しでも愛由来の言動ができるようになれば十分です。

愛由来の言動と不安由来の言動を見分けるのは簡単です。

「どうして」「どうしよう」と思ったとき、人は不安由来の言動をします。

子どもが不登校になった。どうして。どうしよう。

上司に嫌われたかもしれない。どうして。どうしよう。

売上が減った。どうして。どうしよう。

結果に原因などありません。

正しくは、原因があったとしても、人がそれに気づくことはできません。

子どもが不登校になっても、上司に嫌われても、売上が減っても、あなたにその原因がわかることはなく、何をどうしたらいいのかもわからないのです。

わかるはずというのは、あなたの思い込みです。

それでも人はわかろうとします。

私の育て方が悪かったのだと過去を悔やみ、これからこの子の人生はどうなってしまうのだろうと未来に怯《おび》え、過去と未来を行ったり来たりします。

「今」に立つことをやめ、自分の人生を放棄するのです。

不安由来の言動は不安を増長し、さらに問題を大きくします。

ただ学校に行きたくないだけだったのに、いつの間にか親子の問題になっていくかもしれません。

あなたの心が折れ、精神科に通うことになるかもしれません。

そうして、不安はいつしか問題になっていくのです。

「今」にとどまりその痛みを感じてしまったら、自分がどうにかなってしまうのではないかと思う心情はわかります。

しかし、それすらも不安が作り上げた妄想です。

本来、「今」にいることは安心なのです。

わかることから自分を遠ざけ、わからないことに意識を向けるのは、あなた自身を傷つける自傷行為です。

では、愛とはなんなのでしょう。

愛由来の言動とはどういった言動をいうのでしょう。

愛とは、変えないということです。

愛とは、ただそのままを見るということです。

「どうして」も「どうしよう」もありません。

ただ、そのままにしておくことから愛由来の言動が生まれます。

「今」子どもが不登校であること、「今」上司に嫌われていること、「今」売上が減っていること、これらをどうにかする必要はありません。

いいえ、どうにもすることはできません。

目の前に起きているそれらは、結果です。

あなたの目に見えるということは、過程ではなく結果なのです。

結果だけをいきなり変えてしまうことはできません。

エネルギーは常に動き続けています。

あなたがそこで切り取ったから、それが結果に思えるだけです。

すべては必ず変わります。

あなたが手にしている不安も問題も、あなたが「今」そう思ったというだけなのです。

人生はあなたが歩いた後ろに作られる

ビジネスと恋愛は同じであるという話をしました。

あなたが自分を変えて他人を演じていては、人があなたと一緒にいる意味はありません。

あなたは常にあなたでなくてはなりません。

あなたの人生を生きるのが他人であっては、あなたが「今」ここに存在する理由がなくなってしまいます。

あなたは、意地でも変わってはいけないのです。

あなたの子どもも同じです。なんとしてでも、「今」は不登校の子どものままでいてもらわなければいけません。

目の前に見える結果も同様です。嫌われても、売上が下がっても、そのままにするのです。

人生は「今」の連続です。

「今」が積み重なってあなたの人生となります。

その「今」が、不確かなものであっては、その上に積み重なる人生までグラグラになって当然です。

そんなものが積み上がっていっては、一生不安の中で生きることになります。

目標に向かっていくことが人生ではないのです。

人生は、あなたが歩いた後ろに作られていきます。

お金持ちをはじめた人を10人集めて、どのようにしてお金持ちになったかを聞くと10通りの答えが返ってきます。

それもそのはずです。

お金持ちをはじめたときの「今」が違うので、辿り着くまでの道が同じであるはずがありません。

どんな家に生まれ、どのような暮らしをして、どれだけの教育を受けてきたのか。誰と付き合い、何に興味を持ち、どんな言語を話すのか。
人それぞれ最初の「今」が違うのです。
積み重ねる「今」は人それぞれです。
そこに間違いもなければ、失敗もありません。
あるとするならば、あなた以外を積み重ねることだけが間違いで失敗です。

愛由来に生きることは、待てない人には難しく感じるかもしれません。
不登校の子どもを早く学校に行かせたいでしょう。
しかし、そうして焦るのは、人が1日の8割を不安と共に生きているからです。
あなたや子どもに何か原因があるのではなく、人間とはそういうものなのです。

なぜ、お金持ちは
言葉や所作が丁寧な人が多いのか

では、どうしたら不安由来の言動を減らし、愛由来の言動ができるようになるのでしょうか。
どうしたら「今」にとどまる時間を長くすることができるのでしょうか。
それには、日々を丁寧に生きることです。
観察は体感です。
体感は五感を使うことです。
五感を使うということは、生きるということです。
つまり、生きているだけで私たちは観察しています。
観察の対象は、いつでも「今の自分」です。
人間は「今」以外を観察することはできません。
「今」にあるということは、過去や未来にいないということです。
人は、丁寧に自覚的に生きていれば「今」にあり続けることができます。

毎日の食事を適当に済ませていませんか。
カトラリーを並べ、美しい良い姿勢で食べていますか。
豪華な食事をする必要はありません。

ご飯とお味噌汁《みそしる》を作って、焼き魚と一緒に食べるだけで十分です。

扉を足で閉めていませんか。

自分の肌に優しく触れていますか。

音を立てずにグラスをテーブルに置いていますか。

花瓶の水は、そっとシンクに流していますか。

そうした一つひとつの所作をゆっくりと味わうことが、日々を丁寧に暮らすということです。


お金持ちに言葉や所作が丁寧な人が多いのは、そうした理由です。

特別なスキルではなく、ただ目の前のことを一つひとつ丁寧に味わうだけです。

雑にするから、意識が過去や未来に向いてしまいます。

「今」手にしているものを味わっていれば、もうそれだけで愛由来の言動がはじまっていくのです。


「今」を変えてはいけません。

不安の反対は、愛です。
愛とは変えないということ。
愛とは、「今」のままを味わうこと。
結果は求めるものではありません。
結果は出てしまうものです。

愛由来に生きることが、この世を幸せに生きるためのふたつ目のルールです。
愛由来の言動が増えていくと、愛が増していきます。
増長した不安が問題になるように、増えた愛もまた目に見える姿形になります。

それが、「富優美」です。
富とは、十分なお金があること。
優とは、人を見つめる眼差《まなざ》しが優しいこと。人には、あなたも入ります。
美とは、内面も外見も美しいこと。
あなたの人生から不安がなくなることはありません。
しかし、この3つが揃《そろ》っているとき、人は悩むことができなくなります。

お金があって、優しい眼差しで他人と自分を見つめ、美しいのです。

もし悩みがあったとしても、きっとまぁいいかと、そのままにしておけるはずです。

そのままにしておけること。わかろうとしないこと。変えないこと。

すべて同じです。

世界はコントロールできるものではないのだと気づくだけで、あなたの人生は大きく動いていきます。

豊かさへ通じる道には花がある

お金持ちの家には
必ず大きな花が飾られている

意思で動かせる体の領域と、動かせない領域。

地球上に生きる人間や動物と、植物。

目に見える世界と、目に見えない世界。

どれも、比率は5％と95％です。

5％の目に見える世界につい気を取られがちな私たちは、どのようにしたら95％の世界を忘れずにいられるのでしょうか。

私のおすすめは自宅やオフィスに花を飾ることです。

少数民族の村やジャングルに行かなくても、あなたの暮らしに植物を取り入れるだけで、あなたは段々植物との共生や愛由来に生きることに気づいていきます。

花や植物にはそれだけの力があるのです。

お金持ちの家の玄関や、ホテルのエントランスには必ず大きな花が飾られていますが、もちろん意味なく飾られているわけではありません。

たくさんの人が訪れる場所は、不安もたくさん集まります。

人が多い場所が苦手な人は、他人の不安も受け取っているからです。

そうした他人の不安も、花を飾ることでエネルギーを動かすことができます。

自分だけでなく、花や植物のエネルギーも借りて上流から下流にエネルギーを流すのです。

エネルギーは意思なく動き続けますから、あなたが何をしてもしなくても、ただそこに花があるだけで滞りは流れ、欠けは埋まり続けます。

花を飾ると、人生が変わる

クライアントのひとりに、高齢のお父様が癌《がん》になった人がいました。

段々と弱っていく姿を見て、とても心を痛めていました。

医師ではない自分にも何かできることはないかと聞かれた私は、花を飾ることをすすめました。

それから自宅に花を、ときには病室に小さな花を飾るようになり、弱っていたお父様にも笑顔が見られるようになりました。

お父様は、たまにご自身でも花の水換えをしていたようです。

そして、「今」では退院して、自宅で家族との日々を過ごしています。

人生の後始末をしようとされていたのに、今では海外旅行も楽しまれているといいます。

また、他のクライアントは人間関係に悩んでいました。

会社で同僚とうまく付き合えないと言います。

やっぱり私は花を飾ることをすすめました。

オフィスの自分の机に花を飾るようになったクライアントは、花と目が合うたびに、自分は大丈夫だと励まされる気持ちになったそうです。

そして、花を飾りはじめてから1週間が経った頃、付き合うのが難しいと思っていた同僚が部署を異動することになったと話してくれました。


こうした話は私の周りではありふれた日常ですが、もしかするとまだ花を飾る習慣がないあなたには信じられないかもしれません。

しかし、花を飾ることは多くの人にとって、「あなたがまだしていなくて、でも簡単にできること」です。

あなたがすべきことはいつでも、「できるけどやってこなかった、しかし実際にやってみたら気分が良くなること」です。

そうした小さな行動を積み重ねることが、一番簡単にあなたを明るい世界に連れていってくれます。

大きな挑戦をしなくても、人生は変わっていくのだと気づかせてくれます。

花を飾ると、その場の空気が浄化されたような清々《すがすが》しい感覚になりますが、あの体感が、エネルギーが流れた瞬間です。

清々しさや心地よさといった快感は、あなたの気づかない小さな欠けが埋まった瞬間に起こります。

その体感を何度も繰り返し体験してほしいのです。

繰り返し体験することで、エネルギーが動くということがどういうことか、欠けが埋まるとはどういうことかをあなたの体に覚えてもらいます。

そうすることで、日々の暮らしの中から、何が「今」のあなたに必要なのかがわかるようになっていきます。

家中にさまざまな花を飾る理由とは

お金持ちは目に見えない世界を大切にし、信頼しています。

5%の見える世界で自分にできうる最大限の努力をしているからこそ、目の前に現れる努力以上の成果を見て、見えない世界を確信します。

努力だけでは説明がつかない出来事が、次々と目の前で起こっていくからです。

お金持ちをはじめた人の多くも同様に、神様や超自然的な目に見えない存在を大切にしています。

友人数名で有名な企業を経営する友人宅にお邪魔したとき、家中のいたるところに花が飾られていることに気づきました。

なぜこんなにたくさんの花を飾るのか聞いたところ、インドのお友達の自宅の様子を模しているのだと教えてくれました。

そのインドの家庭は非常に裕福で、自然を信仰の対象にしており、代々花を飾ることを習慣にしている家なのだそうです。

友人の家はそれを真似《まね》て、家中に花を飾っているというのです。

それぞれの花にどんな理由があるのかと問うとこう教えてくれました。


玄関に飾られた大きな百合《ゆり》の花は、歓迎の花。

洗面所に飾られた黄色の花は、家族の喜びを祝福する花。

キッチンに飾られた赤い花は、家族の健康を願う花。


あまりに豪華な家なので、そんなことをして効果はあるのかと質問する人は誰もおらず、帰り道に花屋に寄ったのは楽しい思い出です。

その後、友人宅に遊びに行った5人全員が会社を経営するようになったのは偶然ではないと思っています。

パホアのジャングルで出会った鳳凰

私の人生もまた、花と植物によって導かれてきました。

ハワイ島に滞在中、友人の紹介で知り合った方と話していると、やけに中東というキーワードが出てきます。

20代のときに一度だけドバイに行ったことがありましたが、それ以来中東に興味を持ったことはありませんでした。

しかし、ハワイ島でサウジアラビアやドバイの文化、暮らしを聞いた直後から不思議な出来事が連続して起きていったのです。

パホアのジャングルで寝ていたときのことです。

ジャングルの夜は真っ暗でとても賑《にぎ》やかです。

森の夜と聞くと静かな世界を想像するかもしれませんが、実際はその逆で、野生動物の声や植物の音、さらには遠くからクジラの鳴く声も聞こえてくるなど、窓を開けていては寝られないほどの賑やかさなのです。

植物が守る世界は、こんなにもたくさんの生き物を抱えているのだと感じる夜でした。

そんな中、ベッドで眠っていた私の首元で、何かが動きました。

はっきりと、毛並みを感じる生き物が私の首を横切っていったのです。

初め、私は飼い猫が通ったのだと思いましたが、部屋に猫は入ってきていません。

しかし、はっきりと肌に触れた感覚が残っています。

考えてもわからなかったので、そのままにして再び眠ることにしました。

そして翌朝、目が覚めると同時にわかったのです。あれは鳳凰《ほうおう》でした。

なぜそう思ったのかはわかりません。

しかし、私が感じたあれは鳳凰以外ありえないと確信してしまったのです。

中東と同様に、鳳凰もまた私の中にはないキーワードでした。

しかし、それから鳳凰について調べていくと、鳳凰は中東を表す動物であることや、私が生まれ育った愛知県が中東と深い関係にあるという話を人づてに聞くことができました。

知ってしまったからには現実が動きます。

いつでも「知る」だけで良いのだと、またここでも思わされます。

知ればそれが自分の世界の出来事になっていきます。

自分とは関係のないものだと排除するのではなく、目の前に起きる出来事のすべてから学びがあると、きっとあなたも人生を通して感じていると思います。

私ももれなく同じです。

パリに行ったときもそうでした。

いつも私の人生の転機には、花と植物が背景にありました。

いいえ、あなたの転機もそうであるはずです。

なぜなら、世界のほとんどは植物なのですから、植物が関係しない出来事の方がめずらしいからです。

裕福な家庭の友人宅に常に花が飾られていたように、有名ホテルのエントランスには必ず花があるように、豊かさに通じる道と植物は切り離すことができないとハワイ島で再び理解しました。

人生の展開、そして導かれたドバイ

ハワイ島から帰国し、さらに事態が動きます。

当時作っていた美容ゼリーを、ドバイで開催される世界最大の展示会に出すことに決めたのです。

日本の展示会にも出したことのない、新規参入事業です。

しかし、仏図（ふと）そう思ってしまったからには、世界最大であろうと、経験がなかろうと挑戦するしかありません。

私は美容業界も知りませんし、英語も旅行会話程度しか話せません。

貿易をしたこともなければ、日本の法律も海外の法律も知りません。

そんなところからのスタートです。

「今」思えば絶望的な道のりです。

しかし、当時はまったくそんなふうに思うこともなく、大変だ大変だと言いながら一つひとつを勉強する日々でした。


体の機序を学びました。化学式を見たのは高校生ぶりでした。

貿易について資料を毎日読みました。初めて税関の仕組みを知りました。

法律について勉強しました。薬機法の難しさを知りました。

もちろんすべてを理解することはできません。

しかし、全体像だけでも私が理解していなければ、誰にも指示を出せません。

完璧でなくとも、わかる目一杯を自分で見渡さなければ、それは自分自身のビジネスではなくなってしまいます。

そうして怒濤《どとう》の半年が過ぎ、ドバイでの展示会に出展、無事いくつかの企業と商談に進んだのです。

パリに花の勉強に行ったときと同じです。

ドバイで開催される世界最大の展示会なんていうとすごいことのように聞こえますが、実際は格好のいいものではありません。

毎日、毎晩、寸暇を惜しんでボロボロになりながら準備をしました。

つらくてたまりませんでした。

それでも、体感が指し示す方に進む以外、私に選択肢はありませんでした。


ドバイには、もの、人、情報が集まります。

中東は東洋の端にあり、東洋と西洋の文化をつなぐ場所です。

そんな場所から海外での仕事がはじまったことは、私の意思ではなく、エネルギーの動きの通りに生きていたからこそです。

私もまたここから、新しい文化の中に入っていくことになります。

どんな世界が待っているのか、とても楽しみです。

人は体感を追いかけていくと、人生の展開が早くなります。

それに伴う精神的、肉体的、経済的な疲労はありますが、私たちは大元に帰るとき、何も持っていくことはできません。

お金も人間関係も自分の肉体も、いつか必ずただのエネルギーに戻ります。

確実にそうなることがわかっているならば、この限られた時間をただ楽しみたいと思うのです。


子どもは私にとって何より大切な存在です。

子どもを大切にするために、大きな力が欲しいと思ったこともあります。

しかし、私は何か特別な能力のある人間ではありません。

ですから、パリに行ったあのときから、自分の力だけで自分の大切なものを守ろうと思うのをやめました。

人はそんなに強くありませんし、強くある必要もないと花と植物との関わりから気づいたからです。

あなたにもきっと守りたいものがあると思います。

あなた自身のことも大切にしなければなりません。

あなたはこれまで5%の世界を頑張って生きてきました。

ここから先は、95%の世界の力も借りて生きてみてほしいのです。

100%の世界は、あなたとあなたの大切な人を、あなたと一緒に守ってくれるからです。

自分で決めているように見える選択も、本当は100%の世界に決めさせられたこと。

あなたが仏図（ふと）思うことは、いつでも見えない世界からのメッセージなのです。

何を信じるかで生きる世界が分かれる

「年収3000万」と思い込んでいた私

世界中で発売されるお金とビジネスの本の多くは、ヒーロー物語です。

貧しかった私がお金を手に入れて、こんなものが買えるようになり、こんな暮らしができるようになりました、あなたも私みたいになりませんか？　という話が定番です。

しかし、そんな話を追いかけていては、お金の量に価値を見出し、不安を煽《あお》られ続けるだけです。

それではいつまで経ってもお金持ちははじまりません。

しかし、多くの人はそれがお金持ちのはじめ方だと思っています。

なぜなら、何度も繰り返し同じヒーロー物語を聞き続けているからです。


人は何かを信じて生きています。

何を信じているかで生きる世界が分かれていきます。

あなたはきっと、地球は丸いと思っていると思います。

しかし、実際の地球を地球の外から見たことがある人はほぼいません。

子どもの頃から、丸い地球の映像や写真を見続けてきたから、地球は丸いと思い込んでいるだけです。

かつて、地球は平らだと言っている人たちがいました。

平らな大地を大きな象や亀が支えていると言うのです。

しかし、それも本当は否定できないはずです。

私もあなたも、実際を見たことはありません。

何度もそうだと言われ続けると、それは本当になっていきます。

あなたがお金持ちのはじめ方をヒーロー物語だと思い込んでいるのも、そんな話をたくさん聞いてきたからです。

しかし、そうではないお金持ちのはじめ方があると、この本を通して知りました。あなたに選択肢が増えました。

ここからは、そのどちらを選択してもかまいません。

あなたが何を信じて生きているかは、幼少期の影響が一番大きいでしょう。

子どもの頃から何度も同じ話を親や学校の先生から繰り返し聞かされて育つと、それが大人になったときに現実になっていきます。

私はひとつ目の会社をはじめたとき、役員報酬を3000万円にしました。

まだ売上も確定していない時期に決めるので、実際に払えるかどうかはこの時点ではわかりません。

しかし、私の中にはなぜか「年収3000万円」という単語が小学生の頃からあったので、迷うことなく3000万円に決めました。

この金額が大きいか小さいかは人それぞれですが、重要なのは私が「年収とはそういうものだ」と思い込んでいたということです。

これを私が「年収とは500万円のことだ」と思い込んでいたら、私の報酬は500万円でした。

万事同じことです。

あなたの現実は、あなたが何を「そう」だと思い込んでいるかが、目に見える姿形になったものです。

あなたが暮らす家、あなたが暮らす街、あなたの家族、あなたのビジネス。

どれも、あなたがそれはそういうものだと思っているから、それが目の前にあります。

こんなの望んでいないよ！　と言いたくなる現実と向き合っている人もいると思います。

しかし、あなたがなんと言おうとも、事実そうなのです。

あなたがそうだと信じていない限り、あなたの目の前にそれは現れません。

「今」苦しい人は、そんな現実をさっさと変えてしまいたいと思うでしょう。

しかし、変えてはいけません。

結果だけを変えることはできません。

思い込んでいることだけを、いきなり変えることはできないのです。

あなたが「どうせ私はお金持ちがはじまらない」と思い込んでいるのを、無理矢理「私はお金持ちがはじまる」と変えることはできません。

何回唱えても、紙に書いても、そんなことで考えが変わる人はいません。

地球は丸いなんて普段考えることはないと思います。

そんな思考に上らないようなことまでごっそり変わらない限り、あなたの現実は変わらないのです。

親と逆の「小さな選択」があなたの世界を変える

では、どうしたら良いかというと、痛みの伴わない簡単なことを繰り返すことです。
いつでもあなたがすることは同じです。
簡単にできて、選択肢が増えること、あなたの耳に優しく聞こえること。
あなたに刺激が少ないこと。
無理な挑戦をしてはいけません。
変えてはいけません。
「今」のあなたのままできることをしていきます。

私がクライアントによくすすめる方法が、「自分の親と逆をする」ことです。
たとえば、親が日経新聞を読んでいたのなら、あなたは毎日新聞を読みます。
親がメルセデスに乗っていたのなら、あなたはアウディに乗ります。
親がマンションに暮らしていたのなら、あなたは戸建てに暮らします。
親が三越を贔屓《ひいき》にしていたのなら、あなたは伊勢丹で買い物をします。
親がＪＡＬに乗っていたのなら、あなたはＡＮＡに乗るといった具合です。
きっと飛行機がＪＡＬであろうとＡＮＡであろうと、多くの人はどちらでもいいはずです。
そうしたどちらでもいいこと、でもなんとなく親と同じ選択をしてきたことを逆にしていきます。

どちらでもいいと言いながら、案外最初は抵抗感があるのが面白いところです。

こっちがいいと無意識に信じていたと気づかされます。
しかし、痛みはありません。どちらでもいいことだからです。
そんなことを1年、2年と繰り返してみてください。
あなたの世界がグッと広がることがわかります。
三越にはなかったお店が伊勢丹にはあります。
あなたが身につける服が変わります。
服が変われば、出向く場所も変わります。
場所が変われば人も変わります。
ちょっとしたことが変わるだけで、その後のあなたの行動も変わっていくのです。

そうして少しずつ行動していくことで、気づいたらあなたの目の前の現実が大きく変わっていきます。

相談は初めから「それ」に悩んだことがない人に聞く

また、人は常に新しい何かを少しずつ信じていく生き物ですから、あなたにとって良い思い込みをくれる人と付き合うことも肝心です。

私は離婚をしたとき、男性に対して不信感を抱くようになっていました。

それだけ離婚という出来事に傷ついたというだけなのですが、当時は男性という存在自体を否定したくなるほど苦しい思いをしていました。

もう二度と誰とも恋愛関係にはなりたくないし、結婚も考えたくないと強く思っていたのです。

では「今」はどうかというと、男性とお付き合いすることも、もう一度結婚をすることもポジティブに考えています。

なぜたった数年で考え方が変わったのか、それは、結婚生活に悩んだことがない友人と多くの時間を過ごしたからです。

恋愛や結婚に悩む人は、同じように悩んだことがある人に相談しがちです。

お金に困っている人は、ヒーロー物語の主人公から話を聞こうとします。

たしかにそれはドラマティックで参考になる話もあるかもしれません。

しかし、初めからそれに悩んだことがない人に話を聞くと、あなたの予想外の答えが返ってきます。

そしてそれは往々にして、あなたの思い込みを簡単に変えてくれる魔法のような言葉です。

うまくいくことが当たり前と信じている人たちの「普通」は、あなたが何年もかけて変える現実を一気に変えてしまいます。

私がかつてパリで暮らしていたとき、パリコレデザイナーの自宅に行く機会がありました。

日本では、ミニマリストという言葉が出はじめた頃で、ものを多く持たない生き方がブームになっていました。

私もそのブームを見て、たしかにものは少ない方が良いと思っていたことを覚えています。

しかし、そんな考え方はデザイナーの家に入った瞬間、一瞬で崩壊しました。圧倒的な量の壁掛けのデッサン、本、花、枝。暮らしが快適であるとはこういうことなのかと、体全体でわかってしまいました。

ものの量からそれを感じたのではありません。

その場の空間全体に、快適さが漂っていたのです。

それ以降、私は何かを知りたいとき、その分野に困ったことがない人に話を聞くようにしています。

最近は、外国語の習得に困ったことがない人に話を聞きました。

彼が教えてくれたのは、単語や文法を学ぶオーソドックスな方法ではなく、ただ英語を聴き続けるというものでした。

子どもが言語を習得するのと同じように、ただ聴き続けることが一番良いと言うのです。

たしかに私たちも、日本語の文法を会話のために学んだことはほとんどないと思います。

「てにをは」を正確に説明してと言われてもできません。

それでも不自由なく日本語を話せるのは、そういうものだと繰り返しから学んでいるからです。

この方法で私の学習がどう変わるのか、結果はまたの機会にお話ししたいと思います。


「今」あなたの目の前にはどんな現実が広がっていますか。

あなたは何を信じて生きていますか。

あなたの目に映るそれらが、あなたが信じているものです。

もしそれを問題だと思うのなら、おめでとうございます。

あなたが問題だと認識した瞬間、それは終わりはじめています。

第4章

お金持ちとして生きるために大切なこと

悩みとは、迷いが長期化したものです。
決断が早ければ、そもそも悩みは生まれません。

結果はなんでもいいのです。
あなたにフィットしない結果が出たならば
また次の決断をしたらいいだけです。

この章ではここまでとは違い
小さなエピソードをいくつか紹介していきます。

仕事柄、たくさんの相談を受けますが
誰の悩みも、見た目が違うだけで中身は同じです。

人の悩みは、じつはそんなに種類がないことがよくわかります。

年齢や職業が違っても、すごそうに見えるあの人も
みんな順番、通る道は同じです。
同じなので、解決策もすでに出そろっています。

自分の悩みは特別難しいものだと思うかもしれませんが
いいえ、そう思っているのはあなただけ。

一緒に悩みを紐解《ひも》いていきましょう。

応援してもらえる人になる

格好をつけなくていい

生きる上でもビジネスをする上でも重要なことのひとつに、格好をつけないことがあります。

「できない」こと、「わからない」ことを恥ずかしいと思う人は案外多いもので、こんなたいしたことのない自分がビジネスをしても良いのだろうか、という相談はとても多くいただきます。

医者でもない自分が健康の話をしても良いのだろうか、人気者ではない自分が発信をしても良いのだろうか、笑われるのではないか……。

人からどう見られるかが、皆さん気になって仕方がないようです。


私も今でこそ、毎日のようにＳＮＳで発信をし、多くの人と楽しい時間を共有していますが、かつては同じことを思っていたので気持ちはよくわかります。

私の周りの著名人たちも同じです。

初めから自信満々で発信をしていた人はいません。

たとえば、医師の友人は「自分は医師と名乗ってはいけないと思っている」と言っていた時期がありました。

たしかに毎日病院で診察をしている医師に比べたら、本を書いたりメディアに出たりする医師は患者さんに向き合う時間は少ないかもしれません。

しかし、毎日診察をすることだけが医師の仕事ではないはずです。

あなたの話だから聞きたいと思う人がいます。

あなたが誰かに話をシェアしてくれるから、その分野に興味を持つ人がいます。

また別の友人の書籍編集者も「実力のある人たちをたくさん知っているから、自分を編集者とは言いにくい」と言っていました。
たしかに、たくさんのヒットを出す編集者はすごいですが、ジャンルに囚《とら》われず、多くの著者の卵と仲良くなる、そんなコミュニケーション能力を持つ人もきっと会社には必要な人物です。

医療従事者でなければ、健康のことをビジネスにしてはいけないはずもありません。
健康は、命ある者全員が関心を持つテーマです。
衣食住、健康、美容、お金、ビジネス。
どれも多くの人にとって自分事です。
あなたが生きてきた時間だけ、あなたの後ろには道があります。
あなたの後ろには、かつてのあなたが必ず歩いているということです。
あなたが語りかける相手は、そうしたあなたの後ろにいるあなたです。

同業者や先ゆく人たちではありません。

そして、かつてのあなたに対しても、あなたは格好をつける必要はありません。

自分相手にまで格好をつけていては、人生もビジネスもつらいものになってしまいます。

かつてのあなたが出会いたかったのも、格好いい人ではなく、あなたを助けてくれる人であったはずです。


あなたはただ、ちょっと先を進んでいるというだけ。

わからないことはわからないと言い、助けてほしいときは助けてと言ってかまいません。


人は案外権威のある人よりも、ストーリーを感じる人から話を聞きたいと思うものなのです。

自分のしてほしいことを他人にお願いしてみよう

いつかのこと、私が「ほめてほしい！　私すごく頑張ったから！」とＳＮＳで発信したことがありました。

それに対して多くの人たちが、たくさんの言葉をくれました。

それと同時に「自分もそんなふうに言ってみたい」「私も頑張っているからほめてほしい」とメッセージをくれた人が何人もいたのです。

お客さん相手にそんなことをしてはいけないと思いますか。

いいえ、あなたも素直に、格好をつけず、自分のしてほしいことを他人にお願いしましょう。

人は与えたい生き物です。

言葉はもちろん、態度や眼差《まなざ》しも人に与えたいと思っています。

人は、いつも他人に何かしてあげたいのです。

ですから、あなたが格好をつけずに人を頼ることは、じつはあなたにとっても目の前の人にとってもプラスにしかならないのです。

そして、そんな素直な人は、格好いい人よりも遥《はる》かに応援されます。

人は、大切にした相手をさらに大切にしたくなりますから、応援してもらった分だけさらに応援してもらえるようになるのです。

応援してもらえるビジネスは、格好をつけてするビジネスよりもずっと楽に長く続けていくことができます。

応援してもらいながらするビジネスは、ちっとも怖くありません。

自分に厳しくては、ビジネスはできない

お客さんを怖がる人がいます。

こんなことを言ったら嫌われるんじゃないかと、様子をうかがっています。

まるで敵かのようです。

何度でも思い出してください。

お客さんは、あなたです。あなたがあなたを攻撃するはずがありません。

私は、お客さんは自分のことを応援してくれる人だと思っています。

私が格好よくて素敵だからお客さんでいてくれるなんて、一度も思ったことがありません。

私のところに来てくれる人は、全員もれなく私よりもっと素晴らしい人間であると思っています。

温かい眼差しで、まるで小さな子どもを見つめる親のような眼差しを向けられていると本気で思っているのです。

そしてそれは同時に、私が自分に対してもそうした眼差しを向けているということです。

あなたは自分自身にどんな眼差しを向けていますか。

失敗しないように、批判されないように、自分自身を見張っていませんか。

それでは萎縮してしまって当然です。

私もかつては、自分にとても厳しい眼差しを向けていました。

しかし、自分でビジネスをはじめてから、段々そんな気持ちが薄れていきました。

会社を経営するのは簡単なことではありません。短期的に成果を出すことは誰にでもできますが、長く継続するとなると話は別です。

現在私は起業して7年目ですが、この短期間でも何度もビジネスを放棄したくなりました。

それは決まって自分が不安に飲み込まれているとき、丁寧な暮らしができなくなっているときです。

ビジネスがうまくいかないから不安になっているのではなく、「今」を感じられないから不安になっているのです。

だから、私は徹底的に自分の「今」を肯定することに決めました。

あんな軽口言わなければ良かった。「言っていいに決まっているじゃない」。

あんなパーティ行きたくないわ。「行かなくていいに決まっているじゃない」。

今日もお風呂に入りたくない。「入らなくていいに決まっているじゃない」。

理解してもらえなかった。「理解してもらわなくていいに決まっているじゃない」。


どうしてもあの人が嫌い。「嫌いでいいに決まっているじゃない」。

助けてほしい。「助けてあげるに決まっているじゃない」。


自分に厳しくては、ビジネスはできません。

ビジネスをすると、自分への眼差しを優しくせざるを得ないのです。

それでも厳しいまま頑張る人は、心を病み、体を壊し、ビジネスも人間関係もうまくいかなくなります。

何を思っても、何があっても、まずは自分で自分にYESと言う。味方でいる。

すると、段々他人もあなたの味方をしてくれるようになるのだと、覚えておいてください。

自分で決める

稼ぐこともお金を使わないことも、どちらも選べる

お金と聞くと、つい稼ぐことばかりに注目しますが、使わないことも稼ぐことと同じくらい大切です。

人が稼げるお金は無尽蔵ではありません。

「今」あなたがどんな状態であるかによって、あなたが稼げる金額は変わります。

あなたが１００万円を稼ぐことと、１００万円を使わないで取っておくことはどちらにも同じ価値があるのです。

ケチになることをすすめているわけではありません。

稼ぐことと使わないでいることの、どちらも「選べる」ということを大切にしてほしいのです。

欲しいものはいつでも手に入れられる。

だからこそ、「今」私はこれを買わない。

そうした選択があなたに自由をもたらします。

飛行機のファーストクラスにも乗れるあなたが、エコノミークラスに乗る。

これがあなたに選択権があるということです。

エコノミークラスしか選択肢がなかったわけではありません。

「私はお金持ちではないから、エコノミークラスしか乗れませんよ？」と思ったあなた。それは本当でしょうか。

ファーストクラスの値段はだいたい200万円くらいです。

ほとんどの人は200万円のお金は持っています。

つまり、乗ろうと思えば乗れるけれど、乗らないという選択をしているのです。

あなたの行動は、理由はどうであれ、いつもあなた自身が決めています。

選ばされているものなど何ひとつありません。

それを忘れないでほしいのです。

あなたに選択権があると自覚することが、あなたの人生をあなたらしくしていきます。

金額で買うかどうかを決める習慣をやめる

では、どうしたらその選択を自分のものにできるようになるかというと、おすすめは値段を見ずにものを買うことです。

ものを買うとき、買うかどうかを決めてから値段を見るようにすると、思考に選択を邪魔されません。

先に数字を見てしまうと、安いからという理由で、または高いからという理由で購入を決めてしまうのが人間です。

欲しいものは高くても買う、欲しくないものは安くても買わない。

これを繰り返していると、あなた自身のものを選ぶときの基準が明確になっていきます。

欲しいものが高すぎて買えない場合は、もちろん買わなくてかまいません。

これは実際に手に入れるかどうかの話ではなく、あなたが自分の基準に気づくためのプロセスの話です。


去年、私はファストファッションで購入した1900円のカーディガンを愛用していました。

ハワイ島に行くときに、プールサイドで使う防寒用として購入したものでした。

しかし、着てみたらそれが素晴らしく快適で、帰国してからも手放せないアイテムになりました。

値段ではなく、自分にとって快適かどうかがものの価値であるということがよくわかる出来事でした。

ピラティスに履いていくスニーカーも、ノーブランドのカジュアルなものです。

まるで学生の部活のような格好で行くのでトレーナーに笑われますが、私はそれが好きなのでニコニコ話を聞いています。

しかし、時計はお気に入りのロレックスを毎日身につけています。

この時計は、子どものお稽古に付き添って、毎週県外へ遠征すると決まったときに購入したものです。

私は名古屋で生まれ育ちました。他県で暮らしたことはありません。

そんな私が名古屋以外に縁を持てたことは、大きな転機になると感じたのです。

なぜロレックスの時計を購入したのかというと、新しい土地で一緒に時を刻むものが欲しいと思ったからです。

毎日つけているサファイアの指輪も同じです。

この仕事で生きていくと決めたとき、ジュエラーの友人にオーダーをしました。

私にとってサファイアのブルーは決意のブルーでした。

ものを買うときは自分の観察力を通して、自分の体感が求めるものを買います。

高級だから、では買いません。

自分が身につけるものは自分で選ぶのです。

あなたのお金で買うのだから、購入したそのものもあなた自身です。

ものに意味をつけるのは、あなたでなければいけません。

ものから意味をつけられていてはいけません。

願いのかなう石を買っても人は幸せになりませんが、あなたが意味をつけた宝石はあなたをきっと幸せにします。

他人に選択権を渡すことはやめましょう。

意味をつけられたものを有り難がっているうちは、あなたの人生ははじまりません。

あなたの人生はあなた自身で決めるのです。

体験の先取りをする

想像は「今」のあなたにとって意味がある

人生は積み上げていくものです。

想像したものが手に入ることはありません。

なんて言うとがっかりされるかもしれませんが、実際にそれが手に入ってしまったら、あなたはきっと困るはずです。

なぜなら、「今」のあなたが想像する未来より、実際の未来の方が何倍も素晴らしいからです。

欠けは、どんどん埋まっていきます。

あなたの「今」はいつも更新されていくのです。


では、想像することに何も意味がないのかというとそうではありません。

あなたの気分が良くなることを想像することは、未来のあなたではなく「今」のあなたにとって意味があります。

五感を使って想像をすることは、実際にそれを体験したかのような体感をあなたに与えます。

それは体験の先取りです。

観察は自覚的な行動です。呼吸、筋肉の動き、そうした一つひとつに意識を巡らせることで、意識が満ちている状態のあなたであなたを観察します。

人はそうした状態で初めて、自分自身に気づくことができます。

体験を先取りし、体感に気づくことであなたの真実に辿《たど》り着くのです。

そこにジャッジは必要ありません。

良いも悪いもありません。

何も変える必要がないほどに、ただあなたの気分が良くなることを想像しましょう。

想像ですら遠慮をする人がいますが、そんな必要はありません。

たとえばスイスの山奥に素敵な家を建てて暮らし、毎朝鳥の声と川の水音で目が覚める生活。

こうした気分が良くなる風景を、肌に風を感じるくらい想像してみてください。

あなたの想像力だけで足りなければ、画像を検索したり、動画を見たりするとより具体的に想像できるでしょうし、もっといいのは実際にそれに近い場所に行ってみることです。

そして、そうした想像を繰り返していると、きっとあなたは気づきます。

あなたが日々の暮らしとして想像していたことが、ビジネスや恋愛として目の前に現れてくるのです。

川底の欠けがどこにどれだけあるかわからないように、あなたの側面のすべてがつながっているように、どこに結果が現れるかはわからないということです。

こんな面白い未来は思いつかない

去年の秋、私はドバイで開催された世界最大の展示会に自社商品を出展しました。

国内での商品リリース直後、いきなり世界に打って出たわけですが、ではそれをずっと夢見ていたのかといえばそんなことはまったく考えたことがありませんでした。

しかし、「海外」はいつも私の中にあるキーワードでした。

海外旅行に行くたびに、こんな場所で暮らしたいな、世界中の人と友達になりたいなと思いながら旅をしていました。

私の海外熱を邪魔するのはいつだって言語の壁だったので、英語もあきらめずにコツコツ勉強してきました。

海外で仕事をしたいと思ったことはありません。

しかし、海外で楽しく過ごす自分はいつも私の想像の中にありました。

この原稿を書いているのは展示会から1週間経《た》ったあとですが、さっそくヨーロッパの国から専売契約がしたいとの連絡をもらっています。

新規参入のまったくの素人が、です。

こんな商品があったらいいなという思いだけではじめた行動が、国を超えて受け入れられようとしています。

こんなに面白い未来は、どんなに想像しても当時の私には思いつきません。


あなたが「今」想像して気分が良くなることはなんでしょうか。

どんなことでもかまいません。

遊びでも、食でも、美容でも、リアリティを持った想像が、そしてそれに近い体験が、あなたを驚く未来に連れていってくれます。

だから、意地でも気分の悪くなるような想像をしてはいけません。


人はすぐに他人の言葉の裏を読もうとします。

素敵と言っているのに、馬鹿にされたと感じる人がいます。

せっかくお祝いの言葉をかけてくれたのに、どうせ社交辞令でしょと、「いいえまだまだです。そんなことはありません」と答えます。

なぜそんなにも、頑《かたく》なに自分の気分を悪くしようとするのでしょうか。

人生を難しくしているのはいつもあなたです。

あなたの幸福な人生に水を差すのは、いつだってあなたなのです。


あなたの周りに、話をするだけで力を奪われるような人はいませんか。

楽しい未来を話しているのに、それは大変だよ、苦労するよと止めようとしてくる人はいませんか。ちょっと愚痴を言いたかっただけなのに、かわいそうと言ってくる人はいませんか。

あなたが自分に対してそうした人になっていては、いつまで経ってもあなたに力が湧いてくるはずがありません。勇気もやる気もしぼんだままです。

あなたはどんな道を進んでも、必ず辿り着くところに辿り着きます。

あなたは何も変える必要はありません。

否定はあなたを変える行為です。
あなたがこれまで歩いてきた道も、これから歩く道も、いつも合っています。
それで正解です。
あなたは一度も間違えなかった、だから、「今」こうして生きています。
あなたはいつも正しい。
それを忘れないでいさせてくれる人がいたなら、その存在を大切にしましょう。
これは自慢ですが、私にはそんな存在がいます。私が何をしても何を言っても、
「君の決めたことはすべて正しい」と言ってくれる人がいます。
どれだけ生きる力を与えてくれているかわかりません。
もしあなたにそんな存在がいなければ、まずはあなたがそうなりましょう。
そして、もしかして私って間違っているのかなと思わせてくる人がいたら、そ
れはあなたにとって不要な人物です。
他人に力を奪われている時間はあなたにはありません。

他人ありきの話はやめる

人生の「おまけ」に翻弄されていませんか

もしあなたが本当に幸せに生きていきたいと思うのなら、他人ありきの話はやめることです。

夫が、妻が、パートナーが、子どもが、親が、お金が、ビジネスが、愛が、自信が。

そうした自分以外の何かは、あなたの人生のおまけです。

それがあったらできる何かは、あなたの話ではありません。

あなたの領分外の話です。

一見、幸せの象徴に見えるそれらは、裏を返すと幸せになるための条件になります。

「欲しい」という気持ちは、「ない」を生み、ひとつを手に入れてもまた別のものが欲しくなる負のループです。

よくいただく質問に、結婚があります。

適齢期と呼ばれる年齢の女性が、結婚ありきで人生を考えるので身動きが取れなくなるという話です。

本当はマンションが欲しい。

だけれど、買ってしまったら結婚するときに邪魔になるかもしれない。

本当はもっと一生懸命仕事をしたい。

だけれど、早く婚活しないと子どもが産めなくなる。

本当は子どもが欲しいのか自分の気持ちがわからない。

だけれど、産めなくなってから後悔したくないしどうしよう。

そうした相談を受けるたび、「今」にいないというだけで人はおかしなことを言い出すものだと思います。

「今」恋人がいない人が、結婚に悩むのはおかしな話です。

結婚は恋人とするものですから、恋愛を飛ばして結婚しようかどうか悩むこと自体がパニックになっている証拠です。

本当に欲しいものは決まって「安心」

そんな状態に陥っているとき、本当に欲しいものは決まって「安心」です。

結婚したいのではなく、ただ安心が欲しい。

安心とは、「わかる」ということです。

目の前にいない恋人や結婚のことを考えることは、「わからない」こと。

だから、考えれば考えるほど不安が増していきます。

人は8割を不安と過ごしています。

何かが手に入らなくて大変な人は、結局どうなっても大変なのです。

お金があっても大変、結婚しても大変。

それらを手に入れて幸せになることはありません。


幸せは気分です。

「今」のあなたがどんな状態にあるか、自分の領分を自分でわかっているか。

つまり、あなた自身が何を幸せと思うのかを常に注意深く観察できない限り、人は幸せになることはありません。

他人の幸せの条件を追いかけて手に入れても、そこにあなたの幸せはないのです。

きちんと嫌う

嫌いになることも嫌われることも大切

人から嫌われることを極端に恐れる人がいます。

あなたはどうでしょうか。

もちろんどうでもいい人から嫌われることはかまわないでしょうが、こちらが好きだと思っている相手から嫌われることは、きっと多くの人にとってショックな出来事でしょう。

しかし、人と人の関係性は流動的なものです。

結婚するとき、私たちは永遠の愛を誓いますが、本来人間同士の関係に永遠はありません。

もし死ぬまで一緒に過ごした夫婦がいるならば、それはふたりの縁が終わるより先に、本人と肉体との縁が終わったというだけです。

人を嫌うのは疲れます。

嫌わずに済むのならそうありたいと思う人が大半だと思います。

しかし、しっかり人を嫌いになること、または嫌われることはとても大切なことです。

誰かとの関係を終わらせないと、次に必要な人と縁を結ぶことができないからです。

人ひとりが付き合える人数はそれほど多くありません。

あなたが付き合う相手一人ひとりの意義はとても大きなものです。

嫌いな人を中途半端に人間関係の中に残しておくことは、あなたにとっても相手にとってもデメリットしかないのです。

大人ならば、きちんと相手を嫌いましょう。
初めは好きで一緒にいた相手です。
しっかり嫌って、あなたも幸せでいてねと、そっと離れることが大人らしい対応です。

疲れるのは多すぎるから

なぜ、人生がうまくいっているときに事業を小さくするのか

現代人はタスクが多すぎて疲れている人がほとんどです。

かくいう私もその傾向が強いので、日々のケアには気をつけていますが、本当はケアよりももっと大切なことがあります。

疲れるということは、多すぎるということです。

つまり、持ちすぎているということ。

あなたの体はひとつしかありません。

あなたが一度に味わえるものには限りがあります。

欲しいものはたくさんあると思います。

あなたが女性なら、バリバリ働く格好いい女性も、優しい夫と暮らす専業主婦も、子どもの成長に目を細める母親も、どれもいいなと思うかもしれません。

しかし、一回に3人分の人生は生きられません。

だからこそ、人は何かを手に入れるときは吟味をしないといけないのです。


ビジネスをするときも、よく吟味して次のものを手に入れなければいけません。

事業を大きくするのは簡単です。

しかし、手に入れるということは管理までも含みます。

そして、一番難しいのは最後をどう始末するかということ。

大きくするときは、そこまで考えて行動しなければなりません。

もし「今」あなたの人生がうまくいっているのなら、それ以上何も大きくせずに、むしろ一旦小さくすることをすすめます。

右肩上がりに年収が増えているのなら、あえて半分にしてみる。

事業がどんどん大きくなっているのなら、一旦そこで止めてみる。

するとそこに余裕が生まれ、ゆとりを持って「今」あるものを楽しめるようになります。

あえて減らしたものは、また自分のタイミングで増やすことができますから、減ることを心配する必要もありません。

何かを手に入れる目的は、それを味わうためです。

味わう余裕がないほどに次々に手に入れていては、本末転倒です。

なんでもあるということは、
なんにもないのと同じ

家がある、食べ物がある、仕事がある、家族がいる。

健康がある、目が見える、歩くことも走ることもできる。

あなたも私も、数えたらキリがないほど多くのものを持っています。

こうして挙げてみると、人生に不足などないと気づくことができます。

しかし、それに慣れてくると、段々感覚が鈍くなっていくのです。不足に目が向き、他人の持っているものがうらやましくなり、もっと上を目指さないといけないと自分を奮い立たせます。

私が頻繁に海外に行く理由のひとつは、そこにあります。

海外に行き外国人として過ごす時間は、私からいろいろなものを削《そ》ぎ落としていきます。

そこには普段暮らす家もなく、会社もなく、街に書かれた文字は外国語で、話される言葉もわからないので耳に入ってきません。そうした体験は不便さを感じると同時に、「今」持っているものを深く味わえる時間です。

あなたは海外旅行先で、日本人と出会ったことがありますか。

私はフランスの田舎町で日本人を見かけたとき、どっと安堵《あんど》の気持ちで満たされたことがあります。言葉を交わしたわけではありません。

しかし、その安心感から自分が日本人であることを強く意識した出来事でした。

普段、日本人であることを味わう機会はありません。

当たり前すぎて意識にもあがりません。しかし、私たちは日本人であることをもっと味わうべきです。

穏やかな国民性、勤勉さ、清潔な街、気持ちの良い気候、美しい言葉。

これは私たちが日本人だからこそ味わえるものです。

他国と比べてどうということではありません。私たちの国はそうなのです。

だから、「今」あるそれをもっと存分に味わわないと、もったいないと思いませんか。

「今」私はこうして本に書けるくらい、自分と自分の人生を誇りに思っています。

それは私が意地でも私をあきらめなかったからです。

初めは、何もわかっていないことを認めるところからのスタートでした。

自分を許すことができず、いつも自分を責めていました。

何を見ても、何を聞いても人生を楽しいと思えませんでした。

生きることは、苦しいことでした。

そして、どうしても欲しかったものが手に入った「今」だからこそ、味わうことが苦手な自分に気づかされるのです。

もしあなたが「今」疲れているのなら、その理由はきっと手に持っているものが多すぎるからです。

足りないことを嘆いているわけではないのです。

気に入ったものを手放すのは怖いでしょう。宝物に思えるくらい大切なものは、いつまでもそばに置いておきたいと思います。

でも、大切なものを体の隅々まで使ってしっかり味わうためには、持っているものが多すぎては不可能なのです。

手に入れる、管理する、手放す。人のすることは、花や植物の一生と同じです。

手に入れることは簡単です。手に入るまで必死に頑張ればいいだけです。

さらに、それをしっかり味わえるようになったとき、自分自身のことを「よく頑張ってきたと思う」ではなく「よく頑張ってきたと感じる」ようになったとき、人はやっとそれに満足し、次に行くことができます。

あなたも肩の力を抜いて、もっと人生を味わいましょう。

目的は、手に入れることではありません。味わうことです。

高級品よりあなたに自信をくれるもの

「自分らしさ」はどうやってできるのか

先日、友人が木更津にレストランをオープンしたので、私が運営するアカデミーの認定講師と一緒にドライブがてら遊びに行きました。

東京駅で待ち合わせをして千葉駅まで行き、そこからレンタカーで木更津までという半日旅行です。

彼は台湾の有名なレストランで料理長をしていましたが、満を持して日本で自分のお店をオープンしたのです。

もちろん彼の料理はどれも一級品で、皆さんに自信を持っておすすめできるお店でした。

前日から煮込まれた牛肉の柔らかさ、もちもちの水餃子《ギョーザ》、そして台湾のデザートのモーモーチャーチャーは、これまでに食べたすべての甘味の中で一番と言ってもいいほどの感動的な美味《おい》しさでした。

しかし、東京から木更津まではなかなかに遠く、帰りの交通事情も考えると気軽に行ける場所ではありません。

それに、東京にも美味しいレストランはたくさんあります。

それでも時間をかけて彼の料理を食べに行きたくなるのは、そこに美味しさ以上の価値を感じるからです。

お店を作るまでのストーリー、料理へのこだわり、喜ばせようと一生懸命準備をしてくれる気持ち。そのひとつずつに喜びを感じます。

ある程度の年齢になって一緒にいられる友人は、自分と通じるところがある人たちです。

有名レストランの食事も有名メゾンの服やバッグも、もちろんそのクオリティの高さは素晴らしいものです。

しかし、それ以上に誰が作ったのかということの方に価値を感じるようになったとき、多くの人がいつも欲しがっている「自分らしさ」が作り上げられていきます。

あなたの友人やあなたが好きだと思う人が作るものは、あなたらしさになっていきます。

あなたの周りにいる人たちはあなた自身です。

そうした人たちが作るものに身を包んだあなたは、きっと高級品を全身にまとうよりも、自信を持って堂々と生きられると思うのです。

あなたがあなたを身にまとい、あなたを味わってあなたの一部になる。

今日も私は、友人が作ったバッグを持ち、自分でデザインした服を着て友人のレストランに出かけます。

とても私らしくて、そんな自分がお気に入りです。

トップに立つということ

なぜ、ふたりのリーダーを置いたのか

私が運営するアカデミーにはふたりのリーダーがいます。

総代と副総代です。

現在認定講師は24名いますが、その一人ひとりと私が直接連絡を取ることはなく、常にふたりに間に入ってもらって連絡を取るようにしています。

常時忙しい私に代わって、アカデミーの運営はふたりがします。

なぜリーダーをひとりではなくふたりにしたのですか、と聞かれることがあります。

答えは簡単で、私の悪口を言い合ってほしいと思ったからです。


実際にふたりが私の悪口を言っているかはわかりませんが、アカデミーは私のトップダウンで物事を決めて動かす組織です。

正義を追求する場所ではなく、すべて私の観察力次第で物事を決めます。

船頭が多くては結果が出ません。

私が判断を間違えることもあります。しかし、間違ってもかまわないと知っています。

機動力が高い組織は、簡単に修正がきくからです。

正しいことよりも楽しいことをしたいと常々思っています。

そんな組織運営をしているので、ときに私は横暴で自分勝手に見えます。

そんな私をひとりで相手にしていては、リーダーが潰れてしまいます。

だからふたり必要なのです。

私たちは3人で食事をするほど仲が良いですが、友達ではありません。横に並んで、一緒に物事を考えることもしません。


もっと優秀なトップは他にいるでしょう。

もっと優秀なリーダーもいたかもしれません。

しかし、優秀かどうかよりも大切なことがあるのです。

一緒にいられるかどうか。

それだけがあれば、組織の人間関係は十分です。

一緒にいて心地よさを感じられない相手とビジネスはできません。

どんなに優秀でも組織には不要です。

特に私の運営するアカデミーは、エネルギー哲学を伝える組織です。

その組織には、エネルギー哲学を体現している人間しかいりません。

リーダーのふたりも、他の認定講師たちも、どんな人物であるかはよく知りません。しかし、一緒にいて心地がよい人たちです。それで十分です。

将来的にアカデミーを解散し、ビジネスからもすべて引退したあと、そのとき初めて私たちは友人になるのだと思っています。

トップにも必要な哲学
「ノブレス・オブリージュ」

フランスで生まれた思想に、「ノブレス・オブリージュ」というものがあります。

これは、財産や社会的地位は個人で手に入れたものではなく、社会から与えられたものであるから、身分の高い者は社会的義務と責任を負って然《しか》るべきだという考え方です。

これは、組織のトップに置き換えて考えることができます。

少年漫画『鬼滅の刃《やいば》』（吾峠呼世晴《ごとうげこよはる》著／集英社）という漫画の中に、煉獄杏寿郎《れんごくきょうじゅろう》というキャラクターが出てきます。鬼を討伐する組織の一員で、生まれたときから常軌を逸した強さを持っていました。

ある日、杏寿郎の母がこう問いかけます。

「なぜ自分が人よりも強く生まれたのかわかりますか」

この質問に幼い杏寿郎は答えられません。母は続けます。

「弱き人を助けるためです。生まれついて人よりも多くの才に恵まれた者は、その力を世のため人のために使わねばなりません。天から賜りし力で、人を傷つけること、私腹を肥やすことは許されません。弱き人を助けることは、強く生まれた者の責務です。責任を持って果たさなければならない使命なのです。決して忘れることなきように」


お金持ちは、自分ひとりの力でお金持ちなのではありません。

それを知っているからこそ社会貢献に熱心です。

言葉だけの感謝で終わりません。

ユダヤ人は、自分が貧しくても収入の10％を寄付するといいます。

歴史的に見ると迫害の連続であった民族にもかかわらず、世界を代表するような大富豪や芸術家にユダヤ人がとても多いのは有名です。

そしてノーベル賞受賞者の２割以上もユダヤ人が占めています。

迫害され土地を彷徨《さまよ》うしかなかった彼らにとって、持てる一番の資本は「哲学」でした。

財宝や土地を奪うことはできても、哲学は誰にも奪えません。

何を奪われ土地を追い出されても、また次の土地で新しい暮らしを作っていける、その哲学的思考こそがユダヤ人にとっての財産なのです。

大富豪や芸術家になるのもノーベル賞を取るのも、たったひとりの力で得られる成果ではありません。

哲学を知り、この世のルールを知り、お金持ちのルールを知る。

全体の中のひとつでしかない自分に気づいた人だけが、そうした成果を得ることができるのです。

組織のトップに立つことも同じです。

組織に属する人と上に立つ者が、同じ視点で物事を考えることはありません。

同じ場所に立っていては組織になりえないのです。

それがわからないうちは、トップに立つことはできません。

それでは組織ではなく、学校の仲良しグループです。

人の上に立つということは、偉いことでもすごいことでもありません。組織の誰よりも努力をし、誰よりも真摯に物事に取り組み、責任と義務を負わなければなりません。

トップに立つということは、それだけの広さの領分を生きています。

そうでなければ、トップに立つことはありえないのです。


代々継承されるお金持ちは、自由の代わりに責任と誇りを持っているとお伝えしました。

まさにノブレス・オブリージュです。

そして、お金持ちをはじめた人もまたノブレス・オブリージュの哲学を持っているからこそ、お金持ちをはじめられたのです。

これがない人は、一瞬お金を持ったことがあるだけで終わってしまいます。

自己犠牲をすすめたいのではありません。

もしあなたがトップに立つことがあるのなら、自然とそういう人間になっていきます。

犠牲ではなく、それが当たり前になっていくのです。

それが、お金持ちがはじまるということだからです。

本気になるから辞められる

適当にしていると辞める決断ができない理由

小6の夏、私の子どもは3歳から続けてきたバレエを辞めました。

多いときは週に8回レッスンを受け、将来は舞台に立つものだと、本人も私も疑っていませんでした。

辞めると聞いたとき、驚いたと同時に私は満足した気持ちでした。

たった12年のうちの9年間。

人生のほとんどをかけて取り組んできたのです。

平日は学校とバレエと家の往復で、週末も誰とも遊ぶことなく遠方までレッスンに通う月日。私は9年間もひとつのことに真剣に取り組み続けたことがないので、彼女の本当の気持ちはわからないかもしれません。

しかし、彼女を見てこれだけは確信しています。

真剣にやったから辞められるのだということです。


バレエは順調でした。

有名なバレエ団から引き抜きの声がかかり、移籍の手続きをした直後でした。

その状況で彼女は辞めると決めました。

物事を適当にしていると、辞めたくても辞められません。

適当にしていると、未来の自分に可能性を残してしまいます。

もっとできるはず。

今はまだ本気になっていないだけ。

きっといつか。

本気でやった人だけが次に進むことができます。

大切だったからこそ、それを手放すことができます。

その決断をたった12歳の子どもができたことに、私は満足しました。

「髪の毛、切る?」と聞くと、半分泣いたような顔をしてうなずきました。

美容院へ行き、長い髪を肩より短くカットして、前髪を作りました。

学校帰りに、初めて友達と公園で遊びました。

帰宅後はテレビを観《み》て、リビングでのんびりしていました。

何もかもが初めてのことでした。

初めての「普通」を体験してリラックスする子どもの顔を見て、また私はうれしくなりました。

これ以上未来の自分に責任を負わせない

ビジネススクールで教える生徒たちにも伝えます。

いつかいつかと思っているのなら、「今」ビジネスをはじめなさい。

やるなら真剣にやりなさい。

鼻の奥から血の匂いがするくらい、一度でいいから真剣にやりなさい。

それでダメだったらあきらめられる。

そこまでしないからいつまでも、いつか自分はすごくなれるんじゃないかと思ってしまうのだから。


ビジネスは楽しいです。

でも、大変です。

それでも誰かが楽しそうにしていたら、やってみたくなるのが人情です。

やりたいと思うのなら、やってみたらいいのです。

ビジネスは、適当にやって結果が出るような甘い話ではありません。

でも、だからこそ楽しいのです。

中途半端にしていては結果が出ないので、進退をはっきりと決めることができません。

ずっとあきらめられないままのこと、その手に握りしめていませんか。

いつかと思って、そのままにしていることはありませんか。

中途半端にしているから、いつまで経っても未来の自分に責任を負わせてしまうのです。

わからないままにしておくから、どんどん不安が大きくなっていきます。

そろそろはじめてみませんか。

いつかと思っていたのなら、「今」がそのいつかです。

子育て

自分の力で生きる力をつける

「なんでもできる」は「何もできない」と同じです。
子どもが小学生になったとき、勉強よりもバレエを選ぶと決めました。
やることを決めるということは、やらないことを決めることと同じです。
何も失わずに何かを手に入れられるなんてことはありえません。
すべてを手に持ったまま、次の船には乗れないのです。
それでは荷物が重たくて船が沈んでしまいます。

私と子どもは、学校の成績は平均くらいで十分、あとはすべてバレエに力を注ぐことに決めました。

私立の小学校に通っていたので、成績の悪さで呼び出しをされたこともありました。

学校は、文武両道、勉強も武道も生活態度も、すべて満点でないといけない場所なのだと、子どもが小学校低学年の頃に気づきました。

こんなことを言うと先生からは叱《しか》られるかもしれません。

しかし本当を言えば、子どもの成績が悪くても、宿題を提出しなくても、だらしなくても、性格が悪くても、手がつけられないような子でも、そんなことはどうでもいいことなのです。

子育ては、子どもが自立できるように成長を促すことです。

毎朝時間通りに起きて、遅刻せずに学校に行き、子ども同士はいつも仲良く、先生への態度も丁寧で、成績優秀、運動もよくできて、学校から帰ってきたら家の手伝いと宿題をして、習い事も一生懸命に取り組み、しっかり食事を摂《と》って、ゲームは1日30分だけ、自分から進んでお風呂に入って、早く寝る。

こんな1日が送れるようになることは、自立とは関係ありません。

自立とは、自分の力で生きられる力です。

どんな子どもも必要になれば、自分で自分を律して生きていくようになります。

しかし、自分に対する信頼がなければ、子どもは自分の力で生きられるようにはなりません。

自分に対する信頼は、自分で決めて自分で行動することでしか養われません。

大人から求められる良い子を目指しているうちは、自分を信頼できるようにはならないのです。

どんなあなたでも大丈夫

だから、どんな子どもであっても、それはたとえば、友達に嫌われていても、成績が悪くても、悪事ばかりしていても、私たち大人がそれを勝手に問題にして、解決しようとしないことが肝心です。

誰かに文句を言われたら、迷惑をかけたことについては素直に謝るべきですが、あなたがすべきなのはそこまでです。

それだけが親の役目なのです。

誰に文句を言われても、子どもを変えようとしてはいけません。

親がしてやれることは、正解を教えることではないからです。

もっと言えば、あなたが自分の子どもに正解を教えられると思っているのなら、それはまったくの間違いです。

正解を教えられると思うのは、あなたが自分で自分のことを決められていない証拠です。

子どもをそのままにしておくなんて怖くてできませんか。

でも、よく考えてみてください。

世の中にはいろいろな人がいます。

あなたから見て、こんな人間とは付き合いたくないと思うような人や、なんて素晴らしい人格者なのだろうと思う人まで、たくさんの人がいます。

あなたの子どもも、そのたくさんの人の中のひとりです。

どんな人がいても社会は回ります。

弱い人は助けられ、強い人は助けます。

人は目に見えるもの、見えないものに守られ、全体でひとつとして生きているだけです。


幸福感は、学歴や収入よりも自己決定の度合いで決まるとの大学の研究結果もあるほどです。


何を選ぶかより、誰が選ぶか。

大人が正解を決めてしまっては、子どもはいつまでも自立できません。

私たち大人も同様ですね。

自分で決められない人は、状況が変わってもいつも悩んでいます。

正解がわからず、誰かに決めてほしくて仕方ありません。

選択に自信などなくていいのです。

選択を間違っても大丈夫だと気づけたら、人生は大成功です。


愛とは、変えないということ。

あなたも、そう育てられたかったのではないですか。

あなたがすること、あなたが言うこと、本当はすべて正解でした。

でも、誰もそうは言ってくれませんでした。

だからここからは、自分で自分に言ってあげましょう。

あなたに何ができてもできなくても、あなたの性格が良くても悪くても、どんなあなたでも大丈夫。それも含めて、すべてです。

あなたひとりがどうなろうと、それくらいで何も変わりません。

心配する必要はありません。

あなたはどうかそのままで。

意地でもあなたであってください。

終章

優しい眼差しをあなたへ

傷ついたままではははじまらない

もっと人生を楽しみたいのにやる気が出ない。

どんなに決意しても数時間後には元通り。

もしあなたがそうであるなら、自分のことをダメな人間だと思っているかもしれません。

しかし、本当はそうではありません。

あなたは、傷つきすぎているのです。

怠惰なのではありません。

もうこれ以上傷ついたら二度と立ち上がれないと、あなたの体がわかっているのです。

自分をダメだと思っているあなたは、まず自分を癒すことからはじめなければいけません。

傷ついたままでは、頑張る力は湧いてきません。

しっかり休みましょう。


休むとは、スマホを見ながら横になることではありません。

頭を働かせなくてもいいことをしてください。

本や映画の世界に没入することもいいでしょう。

自然の中を散策するのもいいでしょう。

とにかく思考を止めるのです。

思考があなたを責め立てます。

考えないことが難しい人は、早く寝ましょう。

たくさん寝るのではなく、早く寝る。

夜はケモノの時間です。

人の体は、太陽が沈めば休むようになっています。

植物と同じです。

あなたの一番近くにいる人はあなた

あなたはあなたらしく生きてください。

あなたらしいとは、絵に描いたようなお金持ち、美人、有名人ではなく、きっともっと素敵な何かです。

あなたがあなたであることをあきらめなかったとき、人生はあなたの満足いくものになります。

何が起きても起きなくても、これで良かったと自分の歩く道を肯定することができます。自分に対する信頼が生まれるのです。

今からもう一度自分を育て直すかのように、我が子を見つめる以上の優しい眼《まな》差《ざ》しをあなたに向けてください。

あなたの一番近くにいる人は、優しい人がいいですね。
あなたが失敗しても、何度でも付き合ってくれる人がいいですね。
あなたが疲れていたら、そっと優しい言葉をかけてくれる人がいいですね。
あなたの一番近くにいるのは、あなたです。
あなたがあなたに優しくない限り、あなたの傷は癒えません。
もっと大袈裟《おおげさ》なくらい自分を安心させてあげましょう。

さぁ、本書はこれでおしまいです。
あなたが少しでも楽しい気持ちでいてくれたら、私はとてもうれしく思います。
あなたの人生が、いつも美しい景色と優しい言葉で満たされていることを願います。

たくさんの話をしました。
今夜はゆっくり寝てください。
楽しいことをしても人は疲れるものです。
休むことは、大切ですよ。
また機会があればお会いしましょう。
私の話はまだまだ続きます。
あなたに聞いてほしい楽しい話がたくさんあるのです。

それでは、また。
お元気でいてくださいね。
今日も良い一日をお過ごしください。
ごきげんよう。

須王フローラ

[著者プロフィール]
須王フローラ　FLORA SUOH

1981年、愛知県名古屋市生まれ。エネルギー哲学者。事業家。

脳の手術を受けたことをきっかけに「生」と向き合う。より自然な生き方を求めていたところ、花に魅せられフランスへ渡る。帰国後、フローリストとして起業。花と植物を通し、人の生きるべき道を見つける。

すべてはエネルギーでできているという前提のもと、この世を「見える世界」と「見えない世界」の両面から紐解く人生哲学「エネルギー哲学」を確立。さらに、インド、ミャンマーで精神世界、アニミズムを学ぶ。主催する「エネルギー哲学講座」は500名以上が受講。認定講師として国内外24名が開催する「エネルギー哲学入門講座」は、1000名以上が受講している。また、主宰するビジネススクールからは著作家や事業家を多数輩出している。

現在、法人３社経営。１児の母。趣味は、ビジネスと旅行。

[palais floraison Inc,]
https://palaisfloraison.jp/

花とお金

2024年２月10日　初版印刷
2024年２月25日　初版発行

著　　者　須王フローラ
発 行 人　黒川精一
発 行 所　株式会社 サンマーク出版
〒169-0074 東京都新宿区北新宿2-21-1
☎03-5348-7800

印　　刷　株式会社暁印刷
製　　本　株式会社若林製本工場

ISBN978-4-7631-4119-4　C0030

ホームページ　https://www.sunmark.co.jp

サンマーク出版話題の書

星のビブリオ占い

星尾夜見［著］

四六判並製　定価＝1600円+税

魂が震え、人生を変える一冊は、
星が教えてくれる

◎「本には神さまが宿っている」ということをご存じですか？
◎12星座別「運命の本」の見つけ方
◎本で他の星座のエネルギーを取り入れ「なりたい自分」になる
◎作品のエネルギーを大きく左右する作家のホロスコープ
◎書店で見つける「運命の本」の探し方
◎虹のように光って見える「レインボー本」を見つけよう
◎朝のビブリオマンシーで一日を占う、一日を変える
◎新月には「新しい本」や「積ん読本」で新たな自分を発揮
◎満月には手元にある本を再読して運気アップ

電子版はKindle、楽天〈kobo〉、またはiPhoneアプリ（Apple Books等）で購読できます。